〝あの日たち〟へ

～旭川・劇団『河』と『河原館』の20年～

写真でみる〝あの日たち〟

劇団「河」の最大の特徴は、やはり舞台上にほとばしる圧倒的な〝熱量〟だったと言えよう。

劇場を、身銭を切った観客との〝真剣勝負の場〟と捉えていた「河」の俳優たち。

残された舞台写真からは、全力で〝役〟を生きた彼ら、彼女らの想いが伝わってくるようだ。

清水邦夫作「鴉よ、おれたちは弾丸をこめる」(1972年)

「鴉よ、おれたちは弾丸をこめる」左から星野由美子、一人おいて武蔵野(近藤)恵理(1972年)

小熊秀雄の長編叙事詩
「長長秋夜」の群読
中央は塔崎健二

唐十郎作「腰巻お仙・振袖火事の巻」
吉岡ちず子（1973年）

唐十郎作「二都物語」
星野由美子と河村直人
（1973年）

「二都物語」
松井哲朗（小森思朗）
（1973年）

「二都物語」
北門真吾
（1973年）

常磐公園での野外劇「鐵仮面」(唐十郎作)左から池の内にじ子、吉岡ちず子(1973年)

清水邦夫作
「ぼくらが非情の大河をくだる時」
塔崎健二(1974年)

清水邦夫作「幻に心もそぞろ狂おしのわれら将門」左から小森思朗、北門真吾、勝又三郎、華乱々（佐藤鍵）（1976年）

「幻に心もそぞろ狂おしのわれら将門」左から中津川慎、武蔵野（近藤）恵理、池の内にじ子、四季咲美砂、紅小路旭（中辻明）（1976年）

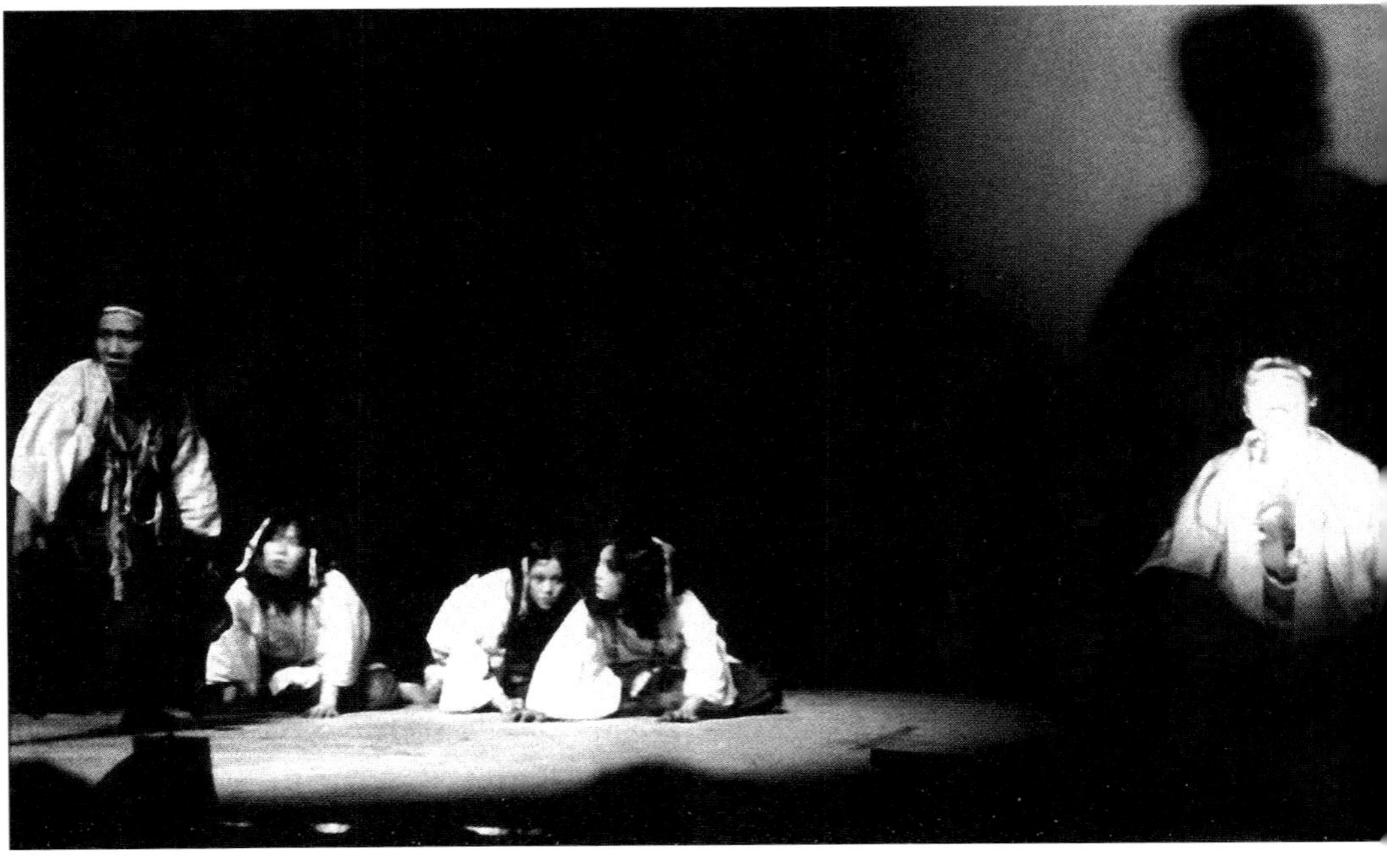

清水邦夫作「楽屋」左から池の内にじ子、星野由美子、加藤理香、星空由香子

作 清水邦夫
火のようにさみしい姉がいて
——もっとも確実な毒薬、それは時間——
5月12 13 19 20 26 27
6月2 3 9 10
PM7:00より
当館
珈琲
河原館
トロイアの女

「河原館」（1979年）

〝あの日たち〟へ～旭川・劇団『河』と『河原館』の20年～

目次

【プロローグ〜はじめににかえて】

闇の中に浮かび上がる襤褸《らんる》の衣をまとった女…。やがて背景は炎の赤に。かたわらには武者姿の長躯の男。モノローグはやがてダイアログへ。

ゆき女《じょ》　あの日たち…まあ、思わせぶりな風…あたしを嬲《なぶ》ろうとしてもだめ…いとしい灰、いとしい焼土たち…ええい、くそ！　吹雪が吼《ほ》える、燃えさかる夏の日の木の葉一枚、幻が白い…にいさん…三郎にいさん、今頃どこで血を凍らせているの…どこの村も炎でいっぱい、死人を焼く炎で祭りのようにさんざめいて…いのちを燃やしていのちの営み…でもゆきは平気、ゆきにはもともと炎になるふるさとはなかった…にいさんも同じ…なのに…なぜ炎の偽《にせ》ふるさとを求めてさまよい歩くの…なぜ死をいのちの営みにしてさまよいつづけるの？

三郎　ゆき！　どこにいる…お前こそどこをさまよう…おれは奴の中に炎の道を見た。えもいわれぬ炎の道、その炎の道だけが、おれたちの知らざる幻の国に通じているのを予感した…知らざる国、幻の炎…

ゆき女　幻は白い…

三郎　いや、幻はまっかだ、まっかに焼けただれている…道を裂く。知らざる国へ道を裂く…風を食《は》め、草木を燃やせ、棘《とげ》の木で青春の恥多き弓をつくれ、弦をしぼればしぼるほど、いのちの矢は遠くを射る…

ゆき女　（笑い）恥多き弓は、音をはじいていさぎよく折れるだけ、いのちの矢は自分の死体を射抜くだけ…にいさんは忘れてしまった、あの日たちを、あの日たちの憎悪のたしかなぬくもりを…（笑う）ああ、思わせぶりな風…

三郎　ゆき！

ゆき女　ええい、くそ！　吹雪が吼《ほ》える、燃えさかる夏の日の木の葉一枚、幻は白い…美しき老年…われら美しき老年のために舞え…ただ、舞い狂え…

〈清水邦夫「幻に心もそぞろ狂おしのわれら将門」（書き下ろし新潮劇場）・１９７５年より〉

＊＊＊＊＊＊＊＊＊＊＊＊＊＊＊＊＊＊＊＊

１９７６（昭和51）年５月。１年前に開館したばかりの旭川市民文化会館小ホールで、全国の演劇人の注目を集めていたある舞台の幕が開いた。

「幻に心もそぞろ狂おしのわれら将門」。日本を代表する劇作家、清水邦夫《しみずくにお》が前年に発表した作品である。

作品を上演したのは、地元旭川の劇団「河《かわ》」。作者である清水自身の演出による、これが〝全国初演〟だった。

敗走を続ける平安の反逆児、平将門《たいらのまさかど》の一行に、連合赤軍に象徴される政治闘争末期の若者たちの姿を重ね合わせたこの群像劇は、もともとは清水が、盟友である演出家、蜷川幸雄《にながわゆきお》の助言をもとに、２年ぶりに書きおろした作品だった。

新作は、清水が妻の松本典子《まつもとのりこ》や山﨑努《やまざきつとむ》、石橋蓮司《いしばしれんじ》、緑魔子《みどりまこ》らと結成した新しい劇団で上演される予定だった。しかし「風屋敷《かぜやしき》」と名付けられた新劇団は内部対立によってあっけなく解散、公演は直前で中止を余儀なくされる。

そのいわくつきの作品を、北海道旭川の一アマチュア劇団が初演したのは、当時の演劇界にとって一つの〝事件〟だった。

＊＊＊＊＊＊＊＊＊＊＊＊＊＊＊＊＊＊＊＊＊

１９５９（昭和34）年に創設された旭川の劇団「河」は、長くオーソドックスなリアリズム劇をレパートリーとしていた劇団である。が、70年代に入り、いわゆるアングラ・小劇場演劇の作品の上演を始め、在京演劇人からも注目を浴びるようになる。

清水の意欲作「幻に心もそぞろ狂おしのわれら将門」の初演という〝事件〟は、その成果の一つといえるが、「河」の活動には、ユニークなオリジナル作品の追求や自前の小劇場を拠点とした多彩な情報発信、アイヌ文化の探求など、他にも特筆すべきものが多い。

本稿は、そうした劇団「河」の軌跡を、その独自性を顕著に発揮し始めた1960年代末からの約20年間を中心にたどったものである。

地方劇団として全国でも稀有な存在であった劇団「河」の活動と、彼らが躍動したあの時代は、やはり長く語り継がれるべきである。ここには、その一端を〝目撃〟し、大きな影響を受けた筆者の思いが込められている。

【第1章】

劇団「河」の誕生と和久演出の時代

【劇団「河」の誕生】

劇団「河」の誕生は、昭和30年代に溯る。初期の「河」を牽引した**和《わ》久《く》俊《とし》夫《お》**は、次のように振り返っている。

> 昭和三十三年の暮れに「**チロル**」（筆者注＝旭川の老舗喫茶店）で、数人のものが集まって劇団をつくろうという話になった。かつて盛んであった職場やアマチュアのサークルが、そのころはほとんどなくなっていたからだ。その数人のものの熱意が実を結んで翌年一月、創立総会を開き（後略）
>
> 〈「劇団河のあゆみ」・「**夜の来訪者**」パンフレット掲載・１９６３年〉

和久俊夫

和久俊夫…劇団「河」の初代主宰者。長く北海道学芸大学旭川分校（現北海道教育大学旭川校）の教授として教壇に立った。専門は哲学。

一方、1973（昭和48）年刊行の「北海道演劇史稿」はこう書いている。

劇団河は、昭和33年1月、創立総会によって結成した。「座談会十年をふりかえって」（第十五回公演『**るつぼ**』プログラム）によると、〈旭川の劇団の活動が空白だったので埋めようと、三十二年暮、チロルに集まった**真実座**にいた成田泰明、岡田要、大友安夫、**北海劇場**の星野由美子らが、学大旭川分校（筆者注＝現北海道教育大学旭川校）の和久俊夫を引っぱり出した〉とある。

〈北海道演劇史編集委員会編「北海道双書1　北海道演劇史稿」・1973年〉

2つの記載では、新劇団結成に向けた話し合いと設立総会の開催時期について、食い違いがある。「夜の来訪者」パンフレットが昭和33年12月と34年1月、「北海道演劇史稿」が32年12月と33年1月である。

実は、「河」は設立後すぐ旗揚げ公演に向けて準備を始めている。この公演は、1959（昭和34）年7月に行われたことが北海道新聞の記事で確認されている。後年「河」が作った歴代の上演記録には、旗揚げ公演が1958（昭和33）年7月に行われたという記載があるが、おそらく「北海道演劇史稿」で触れている15回公演のプログラムの誤りを引きずったのであろう。本稿執筆のため、改めて創設メンバーの星野《ほしの》由美子《ゆみこ》に確認したが、総会から旗揚げ公演までは半年ほどの準備期間だったとしている。

チロル（珈琲亭ちろる）…1934（昭和9）年創業の旭川の老舗喫茶店。創業時の名前は「チロル」で、4条通9丁目にあった。1952（昭和27）年に3条通8丁目に移転し、「珈琲亭ちろる」となる。三浦綾子の小説「氷点」にも登場することでも知られる。

「夜の来訪者」…1946（昭和21）年に発表されたイギリスの劇作家、J・B・プリーストリーの代表作。1954（昭和29）年には、映画化もされている。日本では、1951（昭和26）年に「俳優座」が初演、以降同劇団の主要レパートリーとなった。地方劇団による上演も多い。

「るつぼ」…1953（昭和28）年にニューヨークで初演されたアーサー・ミラーの作品。17世紀末にアメリカであった魔女裁判に題材を取り、狂信的な行動の非人間性を告発した。公開当時に絶頂期を迎えていたマッカーシズム＝赤狩りへの批判と受け取られ、ミラーはアメリカ議会下院に設置されていた非米活動委員会の喚問を受けた。

「真実座」…のちに「河」の結成に加わる岡田要らが、1946（昭和

１９５８（昭和33）年12月に結成に向けた話し合いがあり、翌１９５９（昭和34）年1月に結成総会、同年7月に旗揚げ公演という流れが正しいと判断できる。

星野によると、この時期、旭川では、戦後に発足した劇団が相次いで解散してしまっていた時期だった。そうした中、もう一度芝居をしたいという情熱を持った者が集まり、一時期、国鉄職員が中心の「北海劇場」に参加していた星野も新劇団の旗揚げに誘われた。星野らは、多くの劇団が行き詰まったのは、きちんとした演出者がいなかったのが原因と考え、学芸大の和久を担ぎ出した。

創設のころのメンバー

こうして船出をした「河」。前述の旗揚げ公演の出し物は、結核を患った妻の死に直面する男の苦悩を描いた劇作家、**三好十郎**《みよしじゅうろう》の名作「**浮標**《ぶい》」だった。演出は和久がつとめた。

四時間を熱演　劇団〝河〟初公演

自立劇団〝河〟の第一回公演が十三日午後六時から市公会堂で行われた。だし物はシナ事変から第二次世界大戦への過渡期に、真実に生きようとする主人公を描いた三好十郎作『浮標』（演出和久学大旭川分校教授）。四時間にわたる

21）年に結成した旭川のアマチュア劇団。労働運動的な活動に精力を注いだ。

「北海劇場」…１９４７（昭和22）年に国鉄職員が中心になって結成された旭川のアマチュア劇団。当時、鉄道管理局に勤めていた白坂保之が中心だった。４年間で30数回の公演を行った。

三好十郎…１９０２（明治35）年、佐賀県生まれの劇作家、小説家。代表作に「斬られの仙太」、「浮標」、「炎の人―ゴッホ小伝」などがある。戦後すぐに自宅で戯曲研究会を主宰、秋元松代、石崎一正らを育てた。

「浮標」…１９４０（昭和15）年、雑誌「文学界」に発表された三好十郎の戯曲。同年、「新築地劇団」で初演された。妻を献身的に看病しながら、その死に直面した作者自身の体験をもとにした私小説ならぬ私戯曲。

熱演で約七百人の観客に大きな感銘を与えた。

〈北海道新聞・1959年7月14日付〉

和久は当時学芸大で哲学を教える教授だった。東京時代、日本の演劇の近代化を進めた「**築地《つきじ》小劇場**」に関わった経験があり、内外の戯曲作品や舞台にも造詣が深かった。

劇団の記録によると、和久は1972（昭和47）年までの13年間に、15の作品を演出している。しかも上演作品は和久が推薦した戯曲を採用することがほとんどだった。まさに初期の「河」の屋台骨を支えたといってよい。

【和久演出の時代】

もう少し初期の「河」の公演を振り返ってみよう。

2回目の公演は、旗揚げと同じ三好十郎作品である「獅子」。3作目はドイツの劇作家、**ベルトルト・ブレヒト**の「カルラールのおかみさんの銃」だった。

「カルラールのおかみさんの銃」ポスター（1960年・高橋北修画）

以下、日本の劇作家では、**八木柊一郎《やぎしゅういちろう》**、**木下《きのした》順二《じゅんじ》**、翻訳ものでは、フランスの劇作家、**ジョ**

「築地小劇場」…1924（大正13）年、東京の築地2丁目に、小山内薫、土方与志らによって創設された劇団。欧米の新技法を積極的に取り入れ、日本の新劇の基礎を作った。

ベルトルト・ブレヒト…1898（明治31）年生まれのドイツの劇作家、演出家。ナチス時代はアメリカなどに亡命し、戦後は東ドイツで活動した。自然主義的な伝統演劇の改革を目指し、「叙事的演劇」を提唱した。

ルジュ・クルトリーヌ、イギリスの**J・B・プリーストリー**、アメリカの**ユージン・オニール**、**リリアン・ヘルマン**、**アーサー・ミラー**などの作品が続く。

　こうした作品は、当時「新劇」と呼ばれた「**文学座**」や「**俳優座**」、「**民藝**」など多くの劇団が上演し、各地のアマチュア劇団でも取り上げたいわゆるリアリズム劇の範疇にほぼ入る。

　あえて特徴をあげれば、さまざまな矛盾が深化する社会の中で人はどう生きるべきか、根源的な在り方を問うテーマの作品が目立つ。

　冒頭で紹介したパンフレットの中で、和久はこうも述べている。

「コーカサスの消えた城」（1961年）

> 現代の巨大な機構の中に生きる人間のドラマを舞台につくりたいし、そういうドラマと取り組むことによってしか役者もほんとうにはうまくならないのだと思う。そんな考えでレパートリー（筆者注＝上演作品）もきめてきた。
>
> 〈「劇団河のあゆみ」・「夜の来訪者」パンフレット掲載・1963年〉

　星野によると、和久の演出はあまり注文を付けず、「役者から何かが出てくるまでじっと待つ」スタイル

八木柊一郎…1928（昭和3）年生まれの劇作家。1955（昭和30）年、「三人の盗賊」が「文学座」で初演され、デビューした。1962（昭和37）年に第8回「新劇」岸田戯曲賞を受賞。

木下順二…1914（大正3）年生まれの戦後日本を代表する劇作家。作品は劇団「民藝」や「ぶどうの会」で多く上演された。代表作に民話劇の「夕鶴」、ゾルゲ事件をテーマとした「オットーと呼ばれる日本人」、読売文学賞を受賞した「子午線の祀り」など。

ジョルジュ・クルトリーヌ…1858年生まれのフランスの劇作家、小説家。ペーソスをきかせた喜劇で定評がある。代表作にパリの自由劇場で上演された「ブーブロッシュ」などがある。

J・B・プリーストリー…1894（明治27）年生まれのイギリスの劇作家、小説家。70年近く著作活動を続け、1984（昭和59）年に亡くなるまで120冊を超える著作を残した。代表作に「夜の来訪者」、「危険な曲り角」などがある。

だった。ただ役者が完全に行き詰まってしまったときは、役を別の人に変更したり、公演を中止したりするなど、安易な妥協はしなかった。

「夜の来訪者」パンフレット（1963年）

「夜の来訪者」（1963年）

残されている初期の舞台写真を見ると、装置や衣装などは奇をてらうところがない。極めて正統派のリアリズム劇を目指した舞台創りだったようである。1976（昭和51）年刊行の「旭川戦後文化運動ノート」は、和久が主導したこの時期の「河」について、こう評価している。

これまでの河の方向は、和久俊夫の哲学的・演劇的教養が裏づけされた、オーソドックスな活動であったようにかんじられる。地方での劇団は、内部に傑出したリーダーがいなければ、劇団と社会とのかんけいを無視しイージーに陥ってしまうばあいがある。和久は身につけた演劇の理論と技術を、河というプリズムをとおした十全な指導によって、アマチュアの域を脱した劇団へと昇華させた、その功績はたかく評価されなければならぬ。

ユージン・オニール…1888（明治21）年生まれの劇作家。アメリカの近代演劇の父とされる。1936（昭和11）年にノーベル文学賞を受賞。代表作に、1920（大正9）年にピューリッツァー賞を受賞した「地平線の彼方」、「皇帝ジョーンズ」などがある。

リリアン・ヘルマン…1905（明治38）年生まれのアメリカの劇作家。1934（昭和9）年、「子供の時間」でデビューし高い評価を受けた。1950年代初めの「赤狩り」に抵抗したため、仕事の場所を失うなどしたが、1969（昭和44）年、自伝がベストセラーとなり、作家としてカムバックした。ヘミングウェイやダシール・ハメットらとの交流でも知られる。

アーサー・ミラー…1915（大正4）年生まれのアメリカの劇作家。1944（昭和19）年にブロードウェーに進出し、1947（昭和22）年、「みんな我が子」で注目を浴びる。人気映画女優、マリリン・モンローと結婚したことでも知られる（61年に離婚）。

「文学座」…1937（昭和12）年、

〈谷口広志「旭川戦後文化運動ノート　旭川叢書第10巻」・1976年〉

また旭川の文化史に詳しく、「河」とのつながりも深い北《きた》けんじは、同じくこの時期の「河」について、このように位置付けている。

昭和三十四年に三好十郎作「浮標」でスタートした劇団河の流れを私は、三期という時間の流れではなく、劇と取り組む劇団河の姿勢から三つのブロックに分けて考えてみたい。

「ラインの監視」（1966年）

≪オーソドックスで哲学的で、現代の巨大な機構の中で生きる人間ドラマづくり≫

これは初期の和久俊夫演出による舞台づくりの時代といってもよい。（中略）和久演出によって理詰めのドラマが展開されその中で役者に力がついてきた時期であった。

〈北けんじ「旭川演劇百年史」・「旭川市民文芸
旭川文芸百年史」掲載・2008年〉

戦後、旭川にできたアマチュア劇団の多くが、わずかな年数で行き詰まったのと違い、「河」が持続

岸田國士、久保田万太郎らが結成した劇団。戦後は名優、杉村春子を中心に活動するが、内紛から多くの俳優が脱退した。

「俳優座」…1944（昭和19）年、青山杉作、小沢栄太郎、千田是也が設立した劇団。千田の優れたリーダーシップで、戦後演劇界を牽引したが、没後はアングラ・小劇場演劇の発展などの影響で、低迷期に入る。

「民藝」…1947（昭和22）年、滝沢修、宇野重吉らが結成した「民衆芸術劇場」を前身として、1950年に設立された。社会主義的リアリズムを核に、久保栄、三好十郎、木下順二らの作品を舞台化している。

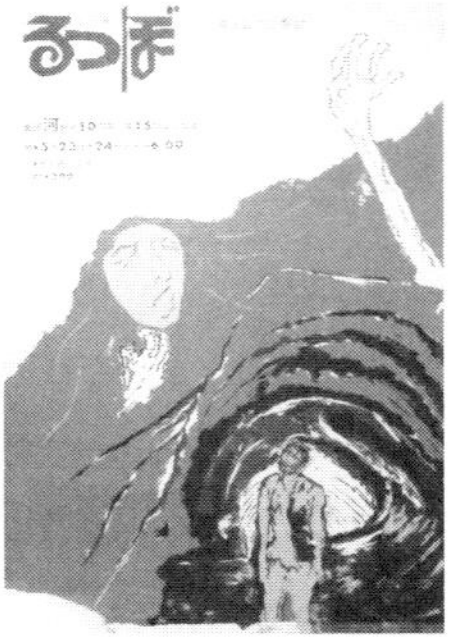

「るつぼ」ポスター
（1968年・高橋三加子画）

できたのには、和久という舵取りがおり、進路をはっきりと見定めることが出来たことが大きい。

星野は「豊かな知識と経験を持った和久先生からは、個人的にも多くのことを吸収させてもらった」と述べている。

なおこの時代、和久は、当時、学芸大の学生劇団にいて、後年星野とともに「河」の中心となる塔崎健二《とうざきけんじ》（本名・内藤昭《ないとうあきら》）の才能をいち早く見出し、「河」への参加を誘っている。

和久という〝高い知性〟に率いられて第一歩をふみだした劇団「河」。その正統派の舞台創りは、旗揚げから10年が経ち、中心俳優だった星野が本格的に演出を手掛けるようになるまで続いた。

【第２章】

転機となった「友達」上演

【安部公房の〃凱旋〃公演】

1977（昭和52）年9月7日、在京のある劇団の公演が旭川市で行われた。

劇団の名は「**安部《あべ》公房《こうぼう》スタジオ**」。芥川賞作家で、国際的にも高い評価を受けていた**安部公房**が主宰して1973（昭和48）年に発足した劇団である。

「安部公房スタジオ」は、安部の盟友であり、**辻井《つじい》喬《たかし》**の名で小説家・詩人としても活躍していたセゾングループ代表、堤清二《つつみせいじ》のバックアップを受けていたことでも知られている。当時、海外公演を行うなど精力的に活動を進めていた。

その劇団がなぜ旭川で公演を行ったかというと、

旭川を訪れた安部公房（1977年）

「安部公房スタジオ」…1973（昭和48）年に、安部公房が創設した劇団。当初は、「俳優座」を脱退した田中邦衛と井川比佐志、「俳優座」在籍のまま参加した仲代達矢と新克利の4人の中堅俳優もメンバーだったが、その後は桐朋学園大学卒業組の若手主体の活動となった。旗揚げ時に渋谷にあった稽古場は、その後、小劇場「ジァン・ジァン」となった。

1歳のころの安部公房と両親

安部公房と旭川の浅からぬ縁がある。

安部の祖父母は、父方、母方とも四国から東鷹栖村（現旭川市）に入植した開拓民である。安部の両親、浅吉《あさきち》とヨリミは、ともにこの入植地で生まれている。このため安部の出生地は東京だが、本籍は東鷹栖に置かれていた。また医師であった父の海外留学に伴い、3年生の1年間は東鷹栖の小学校に通っている。旭川での公演を望んだのは安部本人だった。いわば一種の〝里帰り公演〟的な意味合いがあった。

会場は当時4条通16丁目にあった「ヤマハホール」。出し物は3か月前に池袋の**西武美術館**（その後のセゾン美術館）で初演したばかりの「**イメージの展覧会**」だった。パンフレットに掲載した文章「スクリーンに語らせる」で、安部は次のように書いている。

> 「**笑う月**」という作品集がある。この本はいわばぼくの発想の種子を集約したようなものだが、今度の舞台もこの中の二篇から種子を拾いあげてみた。
>
> 人間の左右の脳の働きには違いがあって、左半球がデジタル（digital）、右半球がアナログ（analog）形式といわれている。ぼくの場合、言葉による表現＝小説がデジタルとすれば、より感覚的なものをいろいろな角度から志向してみたこの舞台は、アナログ的なものと言えるだろう。音と光、肉体と言葉、それらの

安部公房…1924（大正13）年、東京生まれの小説家、劇作家。1951（昭和26）年に発表した小説「壁—S・カルマ氏の犯罪」で第25回芥川賞受賞。以後、実験的な作品を次々と発表し、国際的な評価も高まった。小説と並行して戯曲の執筆にも力を注ぎ、1967（昭和42）年の「友達」では谷崎潤一郎賞を受賞した。1973（昭和48）年には演劇集団「安部公房スタジオ」を創立し、本格的に演劇活動に参入したが、安部の健康状態の悪化から5年後には活動を停止した。晩年はノーベル文学賞の有力候補とされた。1993（平成5）年、68歳で死去。

辻井喬（堤清二）…1927（昭和2）年、東京生まれ。父は、西武グループの創業者で衆議院議長だった堤康次郎。実業家として、西武百貨店、パルコを中心としたセゾングループを率いるとともに、小説家、詩人としても活動。高見順賞、野間文芸賞などを受賞した。

西武美術館（セゾン美術館）…1975（昭和50）年に、セゾングループのメセナ活動の一環として、西武池袋本店に開設された日本初の百貨店内の美術館。のちセゾン美術館と

総体をスクリーンの中にからめ、とかしこみ、語りかけるよう試みた。床の上に敷かれた白い布はスクリーンであり、また鏡である。これは対象をただ映すだけでなく、透視したり分析することによって、見えない何かを自ら表現してくれるだろう。

〈「イメージの展覧会」パンフレット・1977年〉

この説明にあるように、安部らは、当時、一般的な戯曲を離れ、音や映像、俳優の身体表現を融合させた舞台創りを目指していた。残されている台本には、台詞も書かれているが、抽象的なやり取りで、物語と言えるものはない。また安部が「スクリーンであり、また鏡である」と言っているように、舞台で最も目立つのは「白い布」である。俳優が中に入ってダンスのように動くことで、「布」は生き物のように動き、また後方からの照明によって俳優の肉体がシルエットとして浮かび上がった。

【「河」による「友達」上演】

このように前衛的な舞台で旭川に〝凱旋〟した安部だったが、自らの劇団を率いる以前は、小説と並行し、優れたテーマ性を持つ戯曲を続けざまに発表して評価を高めていた。

その〝純劇作家〟時代の安部の代表作「**友達**」を、劇団「河」が上演したのは19

改名された。1999（平成11）年、グループの事業整理に伴い閉館。

「イメージの展覧会」…1977（昭和52）年に、西武美術館で初演された「安部公房スタジオ」の作品。安部公房が、作・演出のほか、初めてシンセサイザーを使って音楽を担当した。

「笑う月」…1975（昭和50）年に刊行された安部公房のエッセー集。17編の断片的なエッセーや小品が収録されている。

「友達」…1967（昭和42）年、「青年座」により、紀伊國屋ホールで初演された安部公房の代表的な戯曲。英訳され、海外でも上演されるなど、安部戯曲の中で最も上演頻度が高い作品。

「友達」パンフレット（1968年）

「友達」塔崎健二（1968年）

68（昭和43）年11月だった。
演出を務めた星野由美子はこう回想している。

河は旗揚げ公演、三好十郎の「浮標」からはじまり、リリアン・ヘルマン、アーサー・ミラー、ブレヒト、などの演目から、アカデミックな劇団として位置付けられていた。そんなとき、十周年公演で若手団員から安部公房氏の「友達」があがってきた。一九五一年に発表された小説**「闖入者」**を更に発展させた戯曲として「友達」というタイトルで発表され、青年座によって上演されたこの作品は、私達に鮮烈な印象を与え、何が何でも上演したいという熱い想いに走らせたのである。

〈郷土誌「あさひかわ」1993年7月号
追悼特集安部公房〉

実はこの公演に先立ち、「河」は、安部のもう一つの代表的な戯曲**「どれい狩り」**に取り組んだことがあった。しかしこの公演は稽古途中でとん挫する。

「闖入者」…1951（昭和26）年に発表された安部公房の小説。この作品をベースにして、戯曲「友達」が書かれたほか、ラジオとテレビのドラマの脚本も作られた。

「どれい狩り」…1954（昭和29）年の未完の小説「奴隷狩」をもとに、

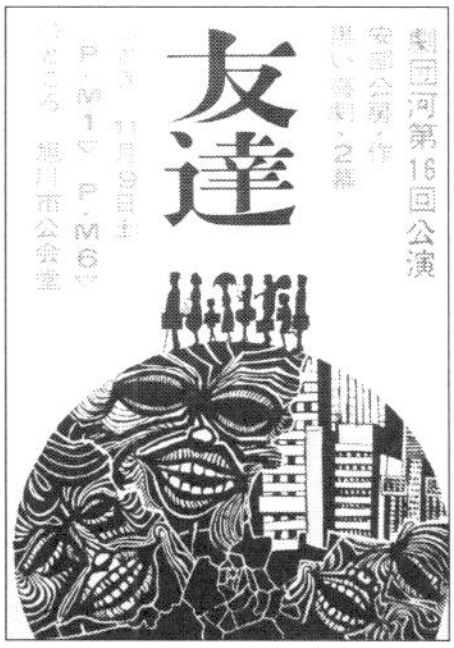

「友達」ポスター（1968年）

「河」による「どれい狩り」の舞台（1971年）

星野は「友達」公演のパンフレットの中で、「安部公房の作品は、5年前『どれい狩り』に挑戦したが、役者の創造上の問題、人員難などからポスター、チラシを印刷した段階まで行きながら中止した苦い経験がある（筆者注＝「どれい狩り」は、その後71年5月に和久演出で上演）」と述べている。

「役者の創造上の問題」とは、やはり演技の水準が上演に見合うところまで至らなかったと解すべきであろう。加えて「友達」の上演には、当時の主宰者だった和久が「この作品は旭川では十年早すぎる」と否定的な意見を述べていた。

しかし従来の「河」のレパートリーとは手触りの違うこの作品に魅力を感じた星野は、自ら演出をしたいと和久に申し出る。

和久は、都会における共同体の変質やコミュニケーションの不在をテーマにしたこの戯曲が、おそらくこの時点で、都会から遠く離れた旭川で理解されるのは難しいと感じたのであろう。ただ「星野さんがそこまでやりたいのなら」と、それ以上は反対しなかった。

翌年、安部公房が発表した戯曲。人間そっくりだが人間ではないウエーと名付けられた珍獣を巡り、事件が展開する。初演は「俳優座」（千田是也演出）。

背景には、和久の体調の悪化があった。「友達」の上演から7年後の１９７５（昭和50）年5月、癌で死去する和久は、この頃から体の不調を訴えるようになっていた。このため、それまでのように常時「河」の活動に参加することができなくなり始めていた。

また星野が、この時点までに３本の作品で演出を行い、経験を積んでいたことも大きかった。星野演出のうち最初の２本は、まだ若手のシナリオライターだった**倉本聰**《くらもとそう》が、ドイツの劇作家、ギュンター・ヴァイゼンボルンの作品を翻案した「**地球、光りなさい！**」、そして多田徹作の「カレドニア号出帆す」の児童向けの舞台だったが、「友達」の前年にはアーサー・ミラーの「**みんな我が子**」を演出していた。

俳優としてだけでなく、演出家としても「河」を引っ張る足がかりを星野は築いていたのである。

【「友達」上演前後の社会状況】

さてここで、「河」が「友達」を上演した１９６８（昭和43）年前後の社会状況について触れておきたい。

劇団の中核だった和久の反対を押し切って星野らが上演に踏み切ったのは、前述した和久の体調等の理由に加え、より過激さを増していた〝時代の空気〟が背景にあったと考えるからである。

倉本聰…１９３５（昭和10）年、東京生まれの脚本家、劇作家、演出家。大学卒業後、シナリオライターとなる。１９７７（昭和52）年、富良野に移住し、81年から同地を舞台にしたテレビドラマ「北の国から」が放送され、ヒットする。１９８４（昭和59）年には、若手俳優や脚本家の育成を目的に劇団「富良野塾」を創立。劇団は、２０１０（平成22）年に活動を終えたが、卒塾生を中心に「富良野ＧＲＯＵＰ」が結成され、活動を行っている。

「地球、光りなさい！」…ドイツの劇作家ギュンター・ヴァイゼンボルンの戯曲「天使が二人天降る」を元に、倉本聰が翻案した作品。クリスマスの夜に、宇宙人が地球に降り立つ物語で、２００５（平成17）年には「富良野塾」でも上演された。

前の年に東京オリンピックのあった1965（昭和40）年は、**ベ平連**が初の反戦デモを行った年である。これ以降、社会は**60年安保**以来の〝政治の季節〟に突入してゆく。

1967（昭和42）年には、**羽田闘争**が激化。「河」が「友達」を上演した68年には、**東大紛争**や**新宿騒乱事件**が起きている。政治とは直接関係がないが、白バイ隊員の扮装をした犯人による府中市での**3億円強奪事件**もこの年の発生だ。

さらに**大阪万博**でわいた1970（昭和45）年には、赤軍派による「**よど号ハイジャック事件**」や、自衛隊市ヶ谷駐屯地での**三島由紀夫《みしまゆきお》の割腹自殺**が社会に衝撃を与えている。

こうした動きの中で、やはり目立つのは、若い世代の行動の活発化、過激化である。いわゆる学生運動は、60年安保の挫折のあといったん下火となるが、60年代半ばになると、ベトナム反戦運動の高まりなどに呼応して再び熱を帯びる。各地で学園紛争が起き、ヘルメットにゲバ棒と呼ばれた角材を持った姿が定番となった。

こうした動きは世界各地で見られ、政治体制のみならず、既存の価値観や規範の否定が**スチューデントパワー**の潮流となった。

特に「友達」上演の68年は、特定の党派に属さないいわゆる「**全共闘**」が学生運動の前面に躍り出た年である。**ノンポリ**と呼ばれる一般学生の多くも運動に身を投じ、翌69年には全国の大学のほとんどが紛争状態にあった。こうした動きは、旭川にも波及し、12月には、旭川工業高等専門学校が1か月余りに渡り学生によって封鎖された。

「みんな我が子」…1947（昭和22）年に、ニューヨークのブロードウェイで初演され、ロングラン公演となったアメリカの劇作家、アーサー・ミラーの出世作。第二次世界大戦中のアメリカが舞台。息子に不正を指摘され、良心に目覚めて自殺する工場主が主人公。

ベ平連…1965（昭和40）年に発足した反戦団体「ベトナムに平和を！市民連合」の略称。作家の小田実と開高健、哲学者の鶴見俊輔らが呼び掛け人。関連組織を使い、北海道ルートでの米軍脱走兵の亡命支援も行った。

60年安保…1959（昭和34）年から翌年にかけて行われた日米安全保障条約改定に反対する大規模政治活動のこと。60年5月には、安保改定の強行採決を受けて、連日抗議デモが行われ、6月15日には全国で580万人が参加した。

羽田闘争…1967（昭和42）年に行われた全学連の学生らによる佐藤栄作首相の南ベトナムおよびアメリカ訪問阻止闘争。

【乾いた舞台】

こうした〝時代の空気〟は、若い劇団員が次第に増えてきていた「河」の舞台創りにも反映された。

「友達」は、都会で一人暮らしをする若い男の部屋に、突然、「善意の隣人」と自ら称する大所帯の家族が押しかけてくる〝不条理〟なストーリーの作品である。「これは暴力だ」という男の訴えは、警察官や管理人、恋人にも理解されない。やがて男を始末（刺殺）した家族は、「善意の隣人」が必要な次の生贄を求めて部屋をあとにする。

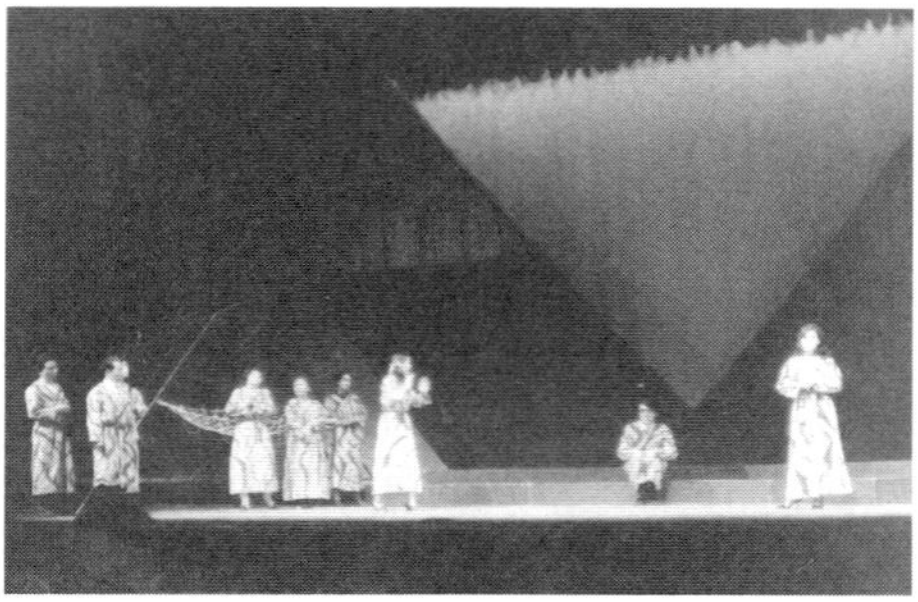

「河」による「友達」の舞台（1968年）

この舞台の上演において、星野は役の人物の行動や台詞を批判的にとらえる視点を俳優に意識させる「乾いた舞台」を目指した。それとともに、それまでの「河」には見られなかった斬新な舞台装置を採用した。

十年程前のこと、旭川市の公会堂始まって以来という巨大な装置をつくって芝居をした。ミニチュアを無数につくって四苦八苦、ようやく決ったのが上手から下手にかけて十数メートルにわたるV

東大紛争…１９６８（昭和43）年から69年にかけての東京大学での大学紛争。69年1月には、東大全共闘および新左翼の学生と機動隊が２日間に渡って衝突する安田講堂攻防戦があった。

新宿騒乱事件…国際反戦デーだった１９６８（昭和43）年10月21日、東京新宿で起きた暴動事件。米軍の輸送車両の通過を阻止するため全学連各派のデモ隊が新宿駅を占拠。群集、数万人も加わって騒乱状態になった。

（府中）３億円強奪事件…１９６８（昭和43）年12月10日、東京都西部の府中市で起きた現金強奪事件。犯人は白バイ隊員に扮し、現金輸送車に積まれた大手メーカーのボーナス用の現金を奪った。

大阪万博…「人類の進歩と調和」をテーマに、１９７０（昭和45）年３月から９月までの１８３日間にわたり開催された。総入場者数は６４００万人を超えた。

よど号ハイジャック事件…大阪万博の開会から２週間余り後の１９７０（昭和45）年３月31日に発生した赤軍派による日本初のハイジャック事

字形の装置。それに仕込んだ止り木に登場人物が糸のちぎれた首飾りのように、あちこちに必死でぶらさがる…。バベルの塔もかくあらんという、こんな装置を造らせた芝居こそ、誰あろう安部公房さんの戯曲「友達」である。

〈星野由美子　郷土誌「あさひかわ」1977年8月号〉

当時の舞台写真を見ると、このV字形の大きな装置の前に、抽象的な模様のついたそろいの衣装の俳優たちが写っている。闖入者である「家族」を演じる役者だが、リアリズム劇の枠を超えなかったそれ以前の「河」の舞台では見ることのなかった光景である。

市文化奨励賞受賞パーティーでの群読（1968年）

なお「友達」を上演した1968（昭和43）年11月、「河」は旭川市の文化奨励賞を受賞している。

この「友達」の上演以降、「河」の舞台の演出は、ほぼ和久から星野へと受け継がれることになるが、星野が「この『友達』上演を境に、『唐十郎』『清水邦夫』…と、当時のアングラといわれた芝居づくりにのめりこんでゆくきっかけにもなった」と語るように、上演作品の傾向は、より過激な、脱新劇的な方向に変わってゆく。

その新生「河」の活動に、最も大きな影響を与え

件。

三島由紀夫の割腹自殺…三島由紀夫は、ノーベル文学賞候補にもなった小説家。1970（昭和45）年11月、自ら結成した民兵組織の隊員とともに自衛隊市ヶ谷駐屯地で東部方面総監を監禁、バルコニーからクーデターを促す演説をした後、割腹自殺した。

スチューデントパワー…1968（昭和43）年5月に、フランスの学生がカルチェ・ラタンで警官隊と衝突した五月革命など、60年代末に世界各国で盛り上がりを見せた学生による政治運動の総称。

全共闘…全学共闘会議の略称。1960年代末の大学紛争で、全国各地の大学で結成された闘争組織。中核派、社学同、反帝学評のいわゆる旧三派系の勢力を中心に構成されたが、途中から党派に属さないノンセクトラジカルが指導性を発揮した。

ノンポリ…ノンポリティカルの略。政治活動に関心が薄く、60～70年代の学生運動に参加しなかった学生を指した。また政治に関心はあっても、党派には属さなかった学生に対しても使われた。

たのは、星野も触れている清水邦夫作品との出会いである。

が、その経緯を語る前に、和久に代わり劇団の太い幹となった星野について、詳しく述べておきたい。

【第3章】

北修の娘

【大雪山の画家】

私が彼を知ったのは大正7、8年頃だと思う。その頃私は現在の丸井今井旭川に勤め、当時としては余り数なかったウインドーの飾り付けを担当していた。処がそのウインドーを毎日じっと見つめている長身痩躯の異様な感じな若者がいた。そのみつめる態度が普通ではない事を直感して私は嬉しい様な何か口で言えない親近感を感じる様になりいつとはなしに話しかけた。彼もまた何かを得た様にそれからは忌憚のない話を交わす様になった。

〈**関兵衛**「第34回純生展目録」・1978年〉

関兵衛…1901(明治34)年、新潟県生まれ。青年時代に旭川に移転し、叔父が支配人だった丸井今井呉服店旭川店に勤める。1918(大正7)年、親交のあった高橋北修とともに、旭川初の画会、ヌタックカムシュッペ画会を結成するなど、旭川の画壇の中心を担った。

ここで、旭川画壇の重鎮、関兵衛《せきひょうえ》が書いているのは、生涯に渡り親交を結んだ**高橋《たかはし》北修《ほくしゅう》**のことである。

高橋北修は、本名・高橋喜伝司《きでんじ》。1898（明治31）年に旭川に生まれた。1989（平成元）年に道立旭川美術館で開かれた「高橋北修展」の図録に年譜が載っている。それによると、十代後半に「北都石版社に画工として入社」とあり、この頃から本格的に絵の道に進み始めたようである。1918（大正7）年には、関らと「**ヌタックカムシュッペ画会**」（ヌタックカムシュッペはアイヌによる大雪山の呼び名）を結成。1931（昭和6）年には**帝展**に初入選を果たした。

北修は、はじめは日本画から入ったようだが、真価を発揮するのは、やはり本格的に油絵に挑むようになってからである。特に大雪山を描いた数多くの作品は観る者を惹きつけ、「大雪山の北修」と呼ばれた。

北修で良く知られたエピソードは、1923（大正12）年の関東大震災遭遇後のトラブルであろう。当時、彼は絵の修業のため上京していたが、脚気を患っていたこともあり、被災直後に旭川に戻ることを決意する。旭川で小説家、文芸評論家として活躍した**佐藤喜一《さとうきいち》**は、このように書いている。

北修は旭川へ帰る途中仙台のあたりで韓国人、北鮮系人と間違えられ留置される。いくら正真正銘の日本人だと名のっても許されない。貧乏暮らしのひげぼうぼうの風来坊、やけのやんぽちで、「君が代」から「おけさ」「清元」「かっぽれ」

高橋北修
(1898－1978)

高橋北修…1898（明治31）年、旭川生まれ。1918（大正7）年、関兵衛とヌタックカムシュッペ画会を結成、1931（昭和6）年には帝展に初入選した。戦後も純生美術会（旭川）や全道美術協会の結成に参加するなど、地元の美術界をリードした。

ヌタックカムシュッペ画会…1918（大正7）年に、高橋北修、関兵衛らが結成した旭川初の画会。命名は初代会長で、北修らの相談役だった医師の荒滝實。

帝展…文部省が主導し、1919（大正8）年に始まった「帝国美術院展覧会」の略。前身は、1907（明治40）年に始まった「文部省美術展覧会＝文展」。戦後は「日本美術展覧会＝日展」と名称を変え、現在に至る。

佐藤喜一…1911（明治44）年、小樽市生まれだが、すぐに旭川に移

まで唱い、日記を見せてやっと放免に及んだ。

〈佐藤喜一「高橋北修・人と芸術」・「高橋北修展図録」掲載・1989年〉

関東大震災では「混乱に乗じて朝鮮人が暴動を起こしている」という流言が広まったとされる。この騒動はそうしたデマが下地になったのであろう。

当時の**旭川新聞**には、北修本人の体験談が載っている。

私は警官に伴われて白石（著者注＝宮城県の白石駅のこと）の駅長室に入りましたが窓の外は殺気立った群衆が折り重なって覗き込み「朝鮮人だ殺して了へ」と口々に叫ぶのです。（中略）ふと私の日記を懐中して居たことに気付きそれを差し出して旭川を出発する当時からの事を喋ると日記にすっかり符合して居たので此処で始めて疑いが晴れ（後略）

〈旭川新聞・1923年9月9日付〉

一方、北修は、当時、旭川新聞の記者をしていた詩人、**小熊秀雄**《おぐまひでお》との親交を深めていたことでも知られている。気の強い者同士、議論が白熱すると決まって取っ組み合いの喧嘩になった。が、すぐに仲直りして、いろいろなことを企てた。

1923（大正12）年には、関らを加え、「**赤耀社**《せきようしゃ》」という美術研究会を設けて、美術展や講演会などを開いたが、この会では、ヌードモデルのデッサンを描かせる試

転する。旭川市立図書館長、市立旭川郷土博物館名誉館長などを歴任。小説と文芸評論で著書多数。1967（昭和42）年、「小熊秀雄論考」で、第1回北海道新聞文学賞を受賞。

旭川新聞…1915（大正4）年、田中秋声が創刊した旬刊の「北海東雲（しののめ）新聞」が前身。4年後に日刊の「旭川新聞」となり、道内紙では、札幌の「北海タイムス」、函館の「函館新聞」と並ぶ有力紙となった。1942（昭和17）年に、国家総動員法により、北海道新聞に統合。

みも行っている。また翌24（大正13）年には、連れ立って上京している（両名とも短期間で帰旭）。

さらにこの年は、当時、4条通7丁目の**師団通**（現在の平和通）にあった**旭ビルディング百貨店**で、美術展を開いている（小熊は絵も描いた）。この時に起きた〝ある騒ぎ〟もエピソードとして今に伝えられている。北修の回想を引こう。

> 私は、大震災のあった二日後に旭川に戻った。その翌年、旭川に初めて建ったビルの開店披露の行事に便乗して、**旭川美術協会**の何回目かの展覧会を四階で催した。（中略）
>
> 床の上に置いてある作品をアルバイトの学生達が、順次壁に掛けてゆくうちに小熊の作品の近くへきたとき、突然、皆が騒ぎ出した。驚いたことに、どこからきたのか一匹の尻の腐った野良犬が、まだ床のうえに置いてある二〇号位の小熊の作品を齧っているのだ。彼の作品の中央には、ホンモノの鮭のしっぽあたりの切身が張り付けてあった。食い散らされた作品は、無残な姿で私達の目の前に晒されていた。
>
> 〈高橋北修「小熊秀雄のこと　犬に喰われた絵」・「小熊秀雄研究（小熊秀雄全集別巻）」掲載・1967年〉

面白すぎて眉唾ではないかと思わせる話だが、この出来事、小熊本人による挿絵入

小熊秀雄
(1901－1940)

小熊秀雄…1901（明治34）年、小樽市生まれ。東北、北海道、樺太を転々とした後、1922（大正11）年に旭川新聞社に勤める。1928（昭和3）年の上京後、虐げられた人々への共感を表す長編詩などを発表し、詩壇に新風を送る。1935（昭和10）年、第一詩集「小熊秀雄詩集」、長編叙事詩集「飛ぶ橇（そり）」を相次いで出版し、詩人としての地位を確立するも、生活は困窮を極める。1940（昭和15）年、赤貧の中、肺結核により39歳の若さで死去した。

赤耀社…1923（大正12）年に、高橋北修、関兵衛らが結成した洋画研究会（のちに小熊秀雄も参加）。洋画展や美術講演会の開催に加え、研究所を設けて、旭川では初めてのモデルを起用してのデッサン会も開いた。

師団通…戦後は平和通と改称された

りの記事が当時の旭川新聞に載っていて、事実である。

この騒動を引き起こした小熊の絵について、道立旭川美術館副館長（当時・現在は市立小樽美術館館長）の新明英仁《しんみょうひでひと》は次のように書いている。

> この「**土と草に憂鬱を感じたり**」は1924（大正13）年10月の旭川美術協会・赤耀社合同展に発表されたもので、現在は写真しか残っていない。（中略）上下左右が不明なので書籍や図録に紹介されている図版は縦横さまざまである。貼られた本物のサケの尾びれの下がる方向と**コラージュ**された新聞の文字に忠実に従えば横長である。（中略）しかしながら、発表した小熊本人にとってみれば、作品の上下左右などはそれほど問題ではなかったかもしれないのだ。誰もが驚愕する大胆な表現の作品を発表すること自体が主目的だったとかんがえられるからである。
>
> 〈「旭川叢書35巻　旭川の美術家たち：珠玉の宝庫」・2015年〉

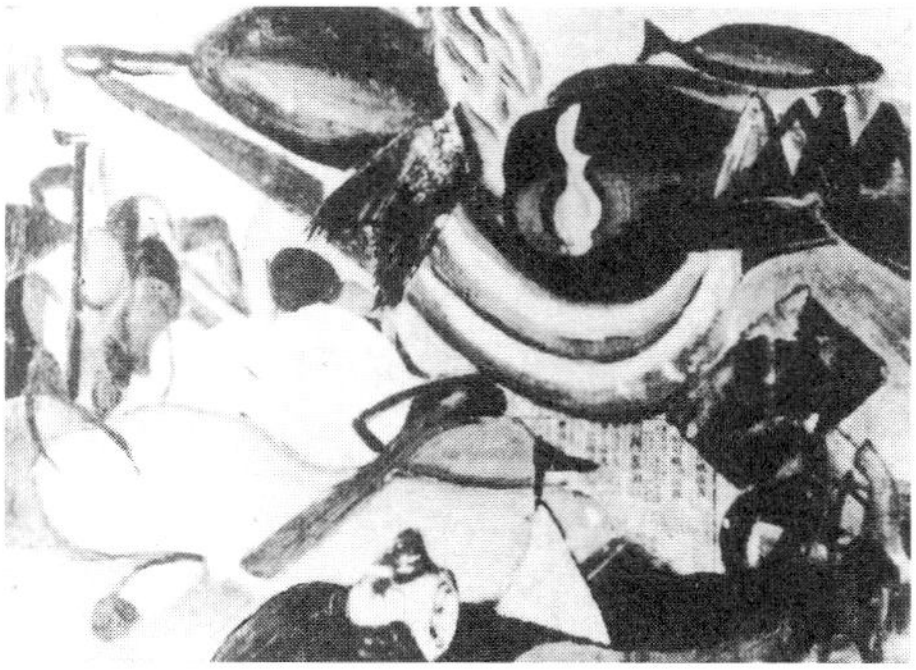
小熊が出品した「土と草に憂鬱を感じたり」

この絵が展示された旭ビルディング百貨店は、当時旭川で最も高い建物だった。このため大勢の

旭川のメインストリート。大正時代には、「銀ブラ」ならぬ「団ブラ」（師団通をぶらつくこと）との言葉もあった。

旭ビルディング百貨店…1922（大正11）年に、旭川の師団通（現在の平和通）に面した4条通7丁目に建てられた石造り4階建てのビル。開業当初は「二番館」という名称だったが、その後「旭ビルディング百貨店」として新装開店した。

旭川美術協会…「ヌタックカムシュッペ画会」を母体にして、1923（大正12）年に発足した。美術の普及活動のほか美術展の開催も行い、翌年には「赤耀社」との合同主催で、旭川初の大規模美術展「旭川美術展」を開催した。

「土と草に憂鬱を感じたり」…1924（大正13）年に開かれた「旭川美術展」に出展された小熊秀雄の絵画。題名は、自然の風景の描写など自然主義的な絵画への批判の意味を込めているのかもしれない。

絵画展での集合写真（1924年）

市民が眺望を目当てに詰めかけたが、屋上に上るには10銭の入場料を払って北修らの美術展に入らなければならなかった。彼らは、予想以上の収入を得たはずである。

なおこの美術展については、会場で撮影された北修や小熊ら参加メンバーの写真が残されている。後列、左端の洋装の男が北修、一人置いた和装の男が小熊である。当時、北修は26歳になったばかり、小熊より3歳年上だった。

劇団「河」の創設メンバーの一人であり、和久俊夫のあとを継いで劇団の主宰者となった星野由美子は、この北修の長女である。

星野によると、壮年期の北修はまさに無頼の芸術家。貧乏絵描きでありながら志は高く、酔うと小熊だけではなく、いろいろな人に喧嘩をふっかけた。星野は喧嘩を仕掛けたものの手痛い反撃にあい、あげく往来に大の字になって「殺せー、殺せー」と叫んでいる父親の姿が目に焼き付いているという。

ただ喧嘩もするが、その飾らない性格で北修には友人が多かった。星野が小学校に入学した翌年、一家は、3条通10丁目から師団通沿いの5条通8丁目に引っ越すが、この家にはいろいろな人が訪ねてきた。その中には、パンを売りに来た往年の大投手、

コラージュ…既存の写真や絵、文字などを、もとの印刷媒体から切り抜いて新たに構成する美術の技法。「糊付けする」の意味のフランス語が由来。平面だけでなく、さまざまな既存の物体で構成する立体の作品もある。

ヴィクトル・スタルヒンの両親の姿もあったという。さらに当のスタルヒンには、北修が絵を教えていた時期もあった。

また一族には、芸能、芸術の関係者が多いのも特徴である。北修の妹である**高橋ことじ**は、旭川の短歌界で活躍した人である。そもそも北修の両親は、もとは新潟の農家だったが、旭川に来てからは、幼い北修・ことじ兄妹を家に残し、三味線を持って道内各地をどさ回りして歩いた。

さらに北修には2男3女の子どもがいたが、女性3人は、長女の星野と次女のしずが長じて演劇の道に、3女の**三加子**《みかこ》が旭川で画家として活躍（初期の「河」の活動にも参加）と、いずれも芸術の道に進んだ。

【「先生」と「専属歌手」】

この5人のきょうだいのうち、破天荒だった父親の血を最も濃く引いたのが自分だと星野は言う。

父親もそうだったが、自分も人一倍激しい性格と思う。また理論より実践で、考えるより早く体が動く。喧嘩好きなのも、父親に似た。

〈星野談〉

ヴィクトル・スタルヒン…帝政時代のロシア生まれ。ロシア革命に伴い、1925（大正14）年、父母とともに日本に亡命し、旭川に住む。プロ野球創生期から戦後にかけて活躍し、1955（昭和30）年、史上初の300勝投手となる。

高橋ことじ…画家、高橋北修の妹。1926（大正15）年、歌人、若山牧水の旭川訪問を契機として結成された短歌結社「旭川歌話会」に参加。女性同人による歌誌を発刊するなど、地元歌壇の中心人物として活躍した。

高橋三加子…1943（昭和18）年、旭川生まれ。高橋北修の3女で、自身も旭川在住の画家として活動している。1971（昭和46）年には、旭川市新人奨励賞を受賞した。劇団「河」の初期には、役者、スタッフとして活動に参加。

市文化奨励賞受賞パーティーでの星野
（右から２人目・1968年）

こうした父親譲りの性格は、ユニークな星野の経歴にもあらわれている。

星野は１９２７（昭和２）年12月7日生まれ。**中央小学校**から**旭川市立高等女学校**に進み、終戦の前年、１９４４（昭和19）年に卒業している。この時、星野は、**女子挺身隊**として首都圏に向かう友人が少なくなかったことから、同じように上京を考えたという。しかしこれは北修の猛反対にあって断念。結局、北修が段取りをつけてきた東鷹栖第一小学校での**代用教員**の職に就くこととなった。

翌年、戦争が終わると、星野は小学校を辞め、今度は真言宗大谷別院の境内にある大谷さくら幼稚園で働き始める。幼稚園の先生は９年間続けたが、この間、通常ではなかなかできない経験をしている。

きっかけは市内で電気店を経営していた従妹からの頼みごとだった。**ＮＨＫ旭川放送局**が行う「**のど自慢**」の予選大会に出場してほしいと頼まれたのである。

当時「のど自慢」は、「のど自慢素人音楽会」という名のラジオ番組だった。しかし地方では参加者がなかなか集まらず、ＮＨＫでは「ラジオ普及への協力」との名目で、地元の電気店１店につき３人の参加者を確保するよう依頼していた。

中央小学校…現在の旭川市民文化会館の場所にあった。前身は、１８９３（明治26）年開校の忠別尋常小学校。１９７０（昭和45）年に、大成小学校と統合され、知新小学校となって新築移転した。

旭川市立高等女学校…１９１５（大正４）年に開校した旭川区立女子職業学校が前身。１９３５（昭和10）年に、旭川市立高等女学校と改称した。

女子挺身隊…戦時中、25歳以下の未婚の女性によって組織された勤労動員組織。１９４４（昭和19）年の女子挺身勤労令によって、１年間の勤労奉仕が義務付けられた。

代用教員…戦前、主に小学校に勤務していた教員資格を持たない教員。本来教員となるべき師範学校の卒業生が少なかったための措置。

ＮＨＫ旭川放送局…１９３３（昭和8）年、北海道で3番目の放送局と

親戚からの頼みで仕方なく出場した星野は、流行歌**「十三夜《じゅうさんや》」**を歌って見事優勝を果たす。これが縁で、旭川放送局の2人目の専属歌手として契約することとなった。この専属歌手、旭川放送局がイベントなどを行う際、余興として歌を披露するのが役割だった。出番は休日や夕方からが多く、幼稚園の仕事のかたわら行うことが出来た。星野の声は、澄んだソプラノで、**李香蘭《りこうらん》（山口淑子《やまぐちよしこ》）**が歌った**「夜来香《いえらいしゃん》」**や**ディック・ミネ**らがカバーした映画主題歌**「夜のタンゴ」**などが得意のレパートリーだった。

ちなみに旭川放送局の専属歌手第1号は、後年、市内で歌謡道場や歌謡酒場を開く星野五三郎《ほしのごさぶろう》。のちに星野の夫となる人物である。

「るつぼ」でエリザベスを演じる（1968年）

一方、このNHKの仕事は、星野が演劇に対する興味を持つきっかけにもなった。

専属歌手の仕事では、よく地方にも出かけたが、ある時、劇団の人達といっしょに余興を務めたことがあった。私はいつも一人で歌うだけだが、劇団の人達は、皆でいろいろと意見を出しながら、力を合わせて出し物を披露していた。歌よりもこっちの方が楽しそうだなと感じた。

〈星野談〉

して開局。５条通20丁目にあった初代の局舎は、いまも旭川市中央公民館として使われている。

（ＮＨＫ）のど自慢…１９４６（昭和21）年に、ラジオ番組で「のど自慢素人音楽会」として始まったＮＨＫの長寿番組。１９７０（昭和45）年から、現在の「ＮＨＫのど自慢」の番組名で放送されている。

十三夜…樋口一葉の「たけくらべ」に題材をとった流行歌。１９４１（昭和16）年、小笠原美都子の歌でレコード化された。戦後、再発売されてヒットした。

李香蘭（山口淑子）…戦前の満州国などで歌手、女優として活躍。戦後は、本名である山口淑子の名で芸能活動を続けた。昭和40年代に、テレビのワイドショーの司会者として人気を集めたほか、18年間に渡り、参議院議員を務めた。

夜来香…１９４４（昭和19）年に、李香蘭（山口淑子）が歌ってヒットした中国の流行歌。戦後は、日本語版のレコードが、山口によって吹き込まれている。

この後、星野は、国鉄職員の職場サークルだったアマチュア劇団「北海劇場」に参加。実際に演劇の現場に関わるようになる。「北海劇場」は短期間で活動を停止したが、その経歴を見込まれて「河」への参加を要請され、旗揚げメンバーとなったのは第1章で述べたとおりである。

【美容室経営と堤清二】

演劇人として長く現場を歩んだ星野だが、もちろん芝居のみをやっていては生計が成り立たなかった。

「二都物語」でリーランを演じる（1973年）

このため星野が幼稚園の退職後に始めたのが、母親に勧められたという美容師の仕事である。ただこれが星野の思いっきりの良さなのだが、美容師になろうと思った段階で、人を雇って店を構えた。そのうえで自分は店の仕事のかたわら専門学校に通って技術を身に着けた。

1958（昭和33）年に開店した星野の美容室は、最初、旭川駅前の宮下通7丁目、**三浦屋旅館**の建物の一角を間借りしていた。2年後、この場所には大型小売店の**金市館**《きんいちかん》が開業することになったため、平

ディック・ミネ…1908（明治41）年生まれの歌手。「ダイナ」、「夜霧のブルース」などのヒット曲がある。

夜のタンゴ…1937（昭和12）年制作のドイツ映画「夜のタンゴ」の主題歌であり、コンチネンタルタンゴの代表曲。

三浦屋旅館…1897（明治30）年に創業し、1915（大正4）年に宮下通7丁目に移転した。1957（昭和32）年まで同地で営業し、同

和通を挟んだ8丁目側に移転する。さらにこの場所には、1972（昭和47）年、**西武旭川店**が進出してきたため、星野は西武内にテナントとして入る形で営業を続けた（その後、店は家賃の安い**アサヒビル**に移る）。

　興味深いのは、この旭川西武内への美容室の出店について、第2章で紹介した、当時のセゾングループ代表で小説家の堤清二（辻井喬）が絡んでいることである。

　星野によると、西武側はデパート内で営業を続けさせてほしいという立ち退き交渉の際の星野の要望に対し、当初は了承していた。ところが口約束だったため、計画が進むと反故にされかけたという。

「幻に心もそぞろ狂おしのわれら将門」で
桔梗の前を演じる（1976年）

　これを救ったのが、1964（昭和39）年に**新日本文学賞**を受賞するなど、旭川にいながら文芸評論の分野で活躍した**高野斗志美**《たかのとしみ》である。なお高野は、その後、**旭川大学**の学長や**三浦綾子記念文学館**初代館長などを歴任している。

　高野先生にいきさつを話したら、「自分は文芸評論の関係で堤氏とは面識があるので、かけあってあげよう」と言われた。高野先生から事の次第を聴いた堤さんはすぐに指示をしてくれたらしく、それ以降は出店の方向で

じ年の創業で宮下通8丁目にあった宮越屋旅館とともに、旭川駅前のランドマークとなっていた。

金市館…1962（昭和37）年に、三浦屋旅館の跡地に建てられた道内資本の5階建ての大型衣料品店。

西武旭川店…1975（昭和50）年に開業した百貨店。地下1階、地上8階建てのA館と、地下1階、地上10階建てのB館があったが、売り上げの減少により、2016（平成28）年9月末で閉店した。

アサヒビル…1953（昭和28）年に旭川駅前に開業した地下1階、地上6階建て（創建時は5階建て）の商業ビル。市内初のエレベーター付きの高層建築物だった。2008（平成20）年に閉鎖、解体された。

新日本文学賞…新日本文学会が主催していた公募賞。1961（昭和36）年の第1回から、2004（平成16）年の第34回まで続いた。1982（昭和57）年の第19回では、連続ピストル射殺事件の犯人で、1997（平成9）年に死刑が執行された永山則夫の小説「木橋」が受賞した。

すんなりと話が進んだ。旭川西武のオープンの時には、堤さんが私の店にも顔を出してくれた。
〈星野談〉

旭川を代表する画家、高橋北修の娘であり、「河」の主宰者でもあった星野は、地元では有名人だった。さらに新築のデパート内という立地の良さで、美容室には安定した数の固定客がついた。市立高等女学校の先輩だった旭川生まれの作家、**三浦綾子**《みうらあやこ》もよく星野の店に訪れたという。

「二都物語（1984年公演）」でリーランを演じる

【「おばちゃん」と〝女蜷川〟】

ところで、当時、劇団内で星野は「おばちゃん」と呼ばれていた。これは「河」の旗揚げ公演、三好十郎作の「浮標」で、星野が演じたのが、主人公の画家夫妻の家で家政婦として働く「小母さん」という役だったことにちなんでいる。

「河」の元劇団員は、いまでも星野のことを「おばちゃん」と呼ぶ。和久を除けば、劇団で最も年長者だった星野は、このように年下のメンバーから親しまれたが、舞台

高野斗志美…１９２９（昭和４）年、鷹栖町生まれ。旭川大学教授、旭川大学学長などを歴任するとともに文芸評論家として活動し、１９６４（昭和39）年には「オレストの自由―戦後文学のエゴについて」で、第４回新日本文学賞を受賞した。小説家・三浦綾子とは親交が厚く、１９９８（平成10）年には三浦綾子記念文学館の初代館長に就任した。

旭川大学…１８９８（明治31）年、旭川裁縫専門学校として開校したのが始まり。旭川女子短期大学、北日本学院大学の名称を経て、１９７０（昭和45）年、旭川大学と改称。

三浦綾子記念文学館…１９９８（平成10）年に、小説「氷点」の舞台、見本林のある旭川市神楽に開館した民立民営の文学館。運営は、公益財団である三浦綾子記念文化財団が担っている。

三浦綾子…１９２２（大正11）年、旭川生まれ。１９６３（昭和38）年、朝日新聞社の１０００万円懸賞小説に「氷点」が入選、翌年から紙面で連載され、ベストセラーとなる。「塩狩峠」「泥流地帯」「銃口」など多くのヒット作がある。１９９９

（平成11）年、77歳で死去。

創造の場では、稽古の厳しさで知られる蜷川幸雄にちなみ、〝女蜷川〟と呼ばれるほど妥協を許さない厳しいリーダーだった。

お金を取って人様に見せる以上、プロもアマもないというのが自分のポリシーだった。なあなあでやっても良いものは出来ないし、第一自分が納得できない。ぶつかりあったギリギリのところで初めて良いものが出来ると信じていた。

〈星野談〉

稽古場で（1975年）

こうした星野の姿勢は、俳優であろうと、裏方であろうと、こと舞台に関することでは徹底していた。星野は、一時期、地元の企業経営者ら名士が役者を務める「迷人座《めいじんざ》」というチャリティー公演の指導・演出を頼まれていた。相手はまったくの素人だが、星野は容赦なくダメを出し、参加者から反発を受けることもあった。しかし「チャリティーだろうが、素人だろうが、お金を払って見てもらう以上、適当でいいとはならない」と聞き入れなかった。

こうした厳しさは、時に常軌を逸するレベルに高じたが、一方で、稽古や舞台を離れると、星野は気さくで面倒見の良い「おばちゃん」そのものだった。打ち上げの席では、自ら料理をふるまい、人一倍周りに気を遣った。

「河」は、星野が主宰者になって以降、小劇場路線に大きく舵が切られるとともに、在京の演劇人との交流が深まっていく。それには劇団としての「河」の魅力もさることながら、星野の強烈なパーソナリティーが大きく影響したと言えよう。

【第４章】

清水邦夫作品との出会い

【時代と伴走した清水作品】

１９７２（昭和47）年、演出の中心が和久俊夫から星野由美子に移って4年、ラディカルさを加える時代の空気に刺激を受け、新たな舞台創りを模索していた劇団「河」は、ある演劇人との出会いを機に、さらに飛躍的な〝変容〟を遂げる。

それが劇作家、**清水邦夫**との出会いだった。

清水は１９３６（昭和11）年、新潟県生まれ。処女作「**署名人**」で、「テアトロ演劇賞」と「早稲田演劇賞」を受けたのは、早稲田大学3年の時だった。翌年にはプロ劇団である「**青俳**《せいはい》」に戯曲「**明日そこに花を挿**《さ》**そうよ**」を提供し、上演されている。大学卒業後は、岩波映画製作所に入社して映画のシナリオを手掛け、１９６５（昭和40）年に退社してフリーとなった。

清水邦夫…１９３６（昭和11）年、新潟県生まれ。１９６９（昭和44）年、「現代人劇場」が蜷川幸雄演出で上演した「真情あふるる軽薄さ」が反響を呼び、以後、蜷川と組んで体制に反逆する当時の若者群像を描く作品を次々と上演した。１９７２（昭和47）年、「ぼくらが非情の大河をくだる時」で第18回「新劇」岸田戯曲賞を受賞。その後、妻の松本典子らと「木冬社」を立ち上げ、「楽屋」、「火のようにさみしい姉がいて」などを上演した。80年代には、再び蜷川と組んで多くの新作を上演した。

旭川を訪れた清水邦夫

清水は、本来、抒情性豊かな家庭劇が持ち味と言える。が、演出家、**蜷川幸雄**《にながわゆきお》との共同作業の中から生まれた初期の作品は、ほとんどが既成の秩序に反抗する若者とその挫折に伴走した〝青年劇〟〝反逆劇〟だった。

その清水・蜷川コンビの第1作は、1969（昭和44）年、**「アートシアター新宿文化」**で上演された**「現代人劇場」**の旗揚げ公演**「真情あふるる軽薄さ」**である。

稽古開始を前に、2人は泊まり込みで脚本の仕上げにかかる。

> 台本を仕上げるため、ぼくと清水はお堀端のしけたホテルにこもった。明け方ソファでうとうとしていると、異様な叫び声で目がさめた。「だめだ、だめだ！」。狂ったように頭をたたき、部屋を走りまわる姿が目に入る。その男は刃物の上を渡るように言葉と格闘しているのだった。
>
> 演出家は劇作家の言葉を決して変更してはならない。そう心に誓ったのは、この日からだ。
>
> 〈蜷川幸雄「演劇の力―私の履歴書」・2013年〉

こうして仕上がった作品は、2人を含む当時の若者がまさに直面していた〝時代〟

「署名人」…清水邦夫が早稲田大学在学中の1958（昭和33）年に書いた処女作。1960（昭和35）年、劇団「青俳」が倉橋健らの演出で初演した。

「青俳」…1952（昭和27）年に俳優の岡田英次、木村功らが結成した劇団。1968（昭和43）年に、若手に加え、岡田も脱退して「現代人劇場」を結成。その後も俳優の移籍が相次ぎ、1979（昭和54）年に解散した。他に宮本信子、本田博太郎らが在籍した。

「明日そこに花を挿そうよ」…1960（昭和35）年、俳優座劇場において、劇団「青俳」が初演した清水邦夫の作品。10年後、「現代人劇場」が稽古場公演として、蜷川幸雄の演出のもと再演した。

蜷川幸雄…1935（昭和10）年、埼玉県生まれ。1968（昭和43）年、劇団「青俳」を脱退して「現代人劇場」を結成。翌年「真情あふるる軽薄さ」で本格的に演出家デビュー。1972（昭和47）年、清水邦夫らと「櫻社」を結成。2年後に東宝制作の「ロミオとジュリエット」を演出したことが原因となり、「櫻社」

の反映そのものだった。

東大の**安田講堂**で全共闘の学生と機動隊が衝突したのは、その年の1月。演出家としてデビューするぼくは、デモの怒号に包まれる新宿で街の空気を劇場に呼び込もうと考えた。（中略）

なぜ並んでいるかわからぬまま行列する人々が舞台にいる。これにいらだつ若い男女が情熱的に挑発する。やがて中年男が整理員からかばうかと見せかけ、青年を撲殺する。客席が明るくなると、観客も機動隊そっくりの整理人に囲まれる。整理人を本物の機動隊と勘違いした観客が体当たりする日もあれば、客席でジグザグデモが起きる日もあった。

〈蜷川幸雄「演劇の力─私の履歴書」・2013年〉

清水は、この「現代人劇場」で3つの作品を、また「現代人劇場」の解散後、蜷川と俳優の**蟹江敬三**《かにえけいぞう》、**石橋蓮司**の4人で結成した「**櫻社**《さくらしゃ》」で、「**ぼくらが非情の大河をくだる時**」など2本の戯曲を上演している。

【「鴉よ…」上演へ】

この清水作品の1本が、「河」の上演候補として上がってきた。「**鴉**《からす》**よ、おれたちは**

は解散。以降、商業演劇の舞台で、「王女メディア」、「NINAGAWAマクベス」、「近松心中物語」などを次々と上演、海外公演も数多く行った。2006（平成18）年、「彩の国さいたま芸術劇場」で55歳以上の演劇集団「さいたまゴールド・シアター」を、2009（平成21）年には若手育成のための「さいたまネクスト・シアター」を創設。2016（平成28）年5月、80歳で死去。

「アートシアター新宿文化」…1962（昭和37）年に開館した東京新宿の映画館。主に、日本アートシアターギルド（ATG）の作品を上映した。翌年、映画上映終了後の午後9時半からの演劇公演を開始、「現代人劇場」や「早稲田小劇場」、「天井桟敷」などが公演を行った。

「現代人劇場」…1968（昭和43）年、劇団「青俳」を脱退した蜷川幸雄、石橋蓮司、蟹江敬三らが結成した劇団。「アートシアター新宿文化」を拠点に、清水邦夫脚本、蜷川演出の舞台を中心に上演した。

弾丸《たま》をこめる」。1971（昭和46）年の秋に解散した「現代人劇場」が最後に上演した作品である。

この作品では、爆弾事件で逮捕された2人の青年の裁判の場に、当の爆弾を持った十数人の老婆が突然押しかけて占拠、逆に検事や弁護士、裁判官らの罪を裁き始め、処刑する…。

再び蜷川の回想である。

清水と喫茶店で次の芝居のことを話していると、やっぱり今は「裁判」かなとなってくる。それで清水が芝居を書いてきた。それが**三里塚の闘争**の芝居になっていった。舞台はこの裁判劇として展開されるのだけど、その時の自分たちの思いを語り合いながら、後に残ることなんてどうでもいいから長い時間に耐えるものじゃない「今の俺たち」のことを芝居にしようと考えた。

〈西堂行人「[証言]日本のアングラ　演劇革命の旗手たち」・2015年〉

なおこの作品の上演には、当時、蜷川らが、いかに新左翼系の活動家らと近い位置で舞台創りをしていたかを示すエピソードがある。それは、蟹江敬三とともに、爆弾事件の被告である青年を演じた若手俳優の指名手配と逃亡である。

この青年俳優は、「おれは走る。おれはとぶ。おれは闘う。おれは爆弾をなげる」という台詞を舞台上で語ったが、千秋楽の3日後に東京で起きた交番の爆破未遂事件

「真情あふるる軽薄さ」…1969（昭和44）年9月、「現代人劇場」の旗揚げ公演として、「アートシアター新宿文化」で上演された。2001（平成13）年には、「真情あふるる軽薄さ2001」として、蜷川幸雄の演出のもと、「シアターコクーン」で再演された。

（東大）安田講堂…文京区の東京大学本郷キャンパスにある大講堂。1969（昭和44）年1月には、占拠していた東大全共闘および全国各地の大学から集まった新左翼の学生と機動隊との攻防戦が繰り広げられ、70年安保闘争の天王山と呼ばれた。

蟹江敬三…1944（昭和19）年生まれの俳優。劇団「青俳」を経て、蜷川幸雄らと「現代人劇場」を結成。さらに「櫻社」にも参加した。その後は、舞台活動に加え、映画やテレビドラマで数多くの作品に出演。2014（平成26）年5月、69歳で死去。

石橋蓮司…1941（昭和16）年生まれの俳優、演出家。劇団「青俳」を経て、「現代人劇場」、「櫻社」に参加したのは蜷川、蟹江と同じ。その後、妻である緑魔子と「劇団第七

と、翌月、仙台で起きた米軍通信所の爆破事件の容疑者として、72年5月、全国に指名手配される。彼は、捜査の目をくぐりぬけながら長い潜伏生活を送り、13年後の1985（昭和60）年、警察に出頭して逮捕され、服役した。蜷川らの舞台は、まさに時代の現実《リアル》と重なっていたのである。

劇団には、彼のほかにも多くのセクトの関係者が出入りし、スタッフの一部は「新劇人反戦青年委員会」を結成して現場の闘争に深く関わっていた。

「河」が「鴉よ…」を上演した1972（昭和47）年当時は、旭川でも、北海道教育大学や旭川高専などで学生運動が盛んだった。「河」の中にも運動に関わった経験のある劇団員が少なくなかった。

加えてこの年は、2月に**連合赤軍**による「**あさま山荘事件**」があり、翌3月には逮捕されたメンバーの供述から、凄惨な組織内**リンチ殺人**の事実が明らかになる。多くの人びとにとって、政治闘争の持つ意味合いが問われた年だった。

ちなみにこの年は、旭川でも、常磐公園にあった北海道百年記念のブロンズ像「**風雪の群像**」が時限爆弾によって破壊される事件が起きている（のちに、「彫刻はアイヌ民族への差別意識が反映されたもの」と主張する過激派組織「**東アジア反日武装戦線**」の犯行と判明する）。

こうした時代の風を背景に、「鴉よ…」は「河」の若手たちがぜひやりたいと提案した作品だった。星野は「この作品を演じるには、従来の自分たちの殻を破らなければならない。私たちにできるのか」と問い返したが、戯曲には強く興味を惹かれた。

病棟」を結成、唐十郎や山崎哲などの作品を上演し、演出も務めた。

「櫻社」…「現代人劇場」の解散後、蜷川幸雄、清水邦夫、石橋蓮司、蟹江敬三の4人が、1972（昭和47）年に旗揚げした劇団。唐十郎作の「盲導犬」、清水作の「泣かないのか？泣かないのか一九七三年のために？」などを上演し、1974（昭和49）年解散。

「ぼくらが非情の大河をくだる時」…連合赤軍事件に触発されて書かれた清水邦夫の戯曲。1972（昭和47）年に、蜷川幸雄の演出により「櫻社」の旗揚げ公演として初演された。清水はこの作品で第18回「新劇」岸田戯曲賞を受賞。

「鴉よ、おれたちは弾丸をこめる」…三里塚闘争を下地に、1971（昭和46）年に清水邦夫が書いた戯曲。同年10月、「現代人劇場」が「アートシアター新宿文化」で初演した。

こうして上演が決まった「鴉よ…」だったが、作品は登場人物だけで20人を超す舞台である。「河」の場合、ほとんどの劇団員がキャストとスタッフを掛け持ちしていたが、それでも人数は足りなかった。このため中心俳優だった塔崎健二が学生時代に結成し、交流のあった教育大旭川校の劇団「葦《あし》」のメンバーを引き込んだ。

【清水邦夫、旭川へ】

このように稽古を始めた「河」のメンバーのもとに、旧知の演劇人から思いがけない申し出が寄せられる。その演劇人とは、**「横浜ボートシアター」**で劇作家、演出家として活動する**遠藤《えんどう》啄《たく》郎《お》**である。

遠藤は、神奈川県の生まれだが、育ちは旭川で、旧制市立旭川中学（現旭川北高校）を卒業している。当時、すでに東京で舞台人として活動しており、「河」のメンバーとも親しく交流していた。

「河」が清水作品の上演を準備していることを知った遠藤は、やはり親交のあった清水に「稽古をみてあげてくれないか」と連絡を取ってくれたのである。

この時のことを、清水が書いている。

この作品（筆者注＝「鴉よ、おれたちは弾丸をこめる」）の上演を計画したのは、「河」というアマ劇団であるが、連絡をうけるまでは全くこの劇団にかかわりも

三里塚闘争…1966（昭和41）年に始まった成田空港建設に反対する地元農民を中心とした反権力闘争。70年代に入ると、新左翼各派が介入して闘争は激化、土地収用法による強制代執行や反対派が建てた鉄塔の撤去では、多数の死傷者が出た。

連合赤軍…1971（昭和46）年、共産主義者同盟赤軍派と日本共産党革命左派神奈川県委員会（国政政党の日本共産党とは異なる）が合体して結成された新左翼組織。あさま山荘事件、および山岳ベース事件を起こし、新左翼運動の退潮を決定づけた。

あさま山荘事件…1972（昭和47）年2月に起きた連合赤軍による人質立てこもり事件。クレーン車や放水車を使った警察による人質の救出作戦は、長時間にわたりテレビで生中継された。連合赤軍の5人による銃撃で、警察官2名と民間人1人が死亡した。

（連合赤軍）リンチ殺人（山岳ベース事件）…1971（昭和46）年から翌年にかけて起きた連合赤軍によるリンチ殺人事件。山岳アジトにおいて、総括の名のもとに同志に対す

なければ、知識もなかった。たまたま旭川に滞在中の劇作家遠藤啄郎氏から、「稽古が難航しているらしい。作者に来て欲しいといっているが…」の連絡を受けた時、ぼくはすぐ行く気になった。一つは、なんでもいいから旅行したかったのと、もう一つは、あんな四、五十人も登場する芝居をやろうというグループに会ってみたかったからだ。

〈「光ある孤立感を!」・「シナリオ」1972年9月号掲載〉

稽古に立ち会う清水邦夫(右端・1972年)

清水はこのように、「河」の要請があって旭川に行ったとしているが、星野は、清水と知り合いだった遠藤が「上演許可を取ってあげようかと言ってくれたので、お願いした」と記憶している。ニュアンスに差がある。もしかしたら遠藤が「河」のため、わざと「来てほしいと言っている」と話したのかもしれない。

ともあれ、清水にすれば、たまたまの気分と、軽い〝引っ掛かり〟で決めた旭川訪問だったようだが、「河」にとってこれがあとあと大きな意味を持つことになる。

数日後、清水は実際に旭川を訪れる。星野の回想が残されている。

る激しい暴力が振るわれ、12人が殺害された。革命左派は、山岳アジトに移る以前に、組織からの脱走者2人を殺害しており、犠牲者は14人にのぼる。

風雪の群像…1970(昭和45)年に常磐公園に設置された5体の人物像からなる彫刻群像。作者は、札幌市出身の本郷新。1972(昭和47)年、アイヌの老人像のみが腰かけた姿となっていることが差別的だとして、過激派の時限爆弾により破壊されたが、5年後に再建された。

東アジア反日武装戦線…1974(昭和49)年8月の三菱重工ビル爆破事件など、いわゆる「連続企業爆破事件」を起こしたテロ組織。1975(昭和50)年以降、主要メンバーが逮捕されたが、日本赤軍によるクアラルンプール事件、ダッカ事件における超法規的措置により3人が釈放され、日本赤軍と合流した。

「葦」…1964(昭和39)年、当時、在学していた塔崎健二(内藤昭)らが結成した北海道学芸大学旭川分校(現北海道教育大学旭川校)の学生劇団。独自公演のほか、「河」の公演への参加も多かった。

清水さんがはじめて旭川駅頭に降り立った時のこと、迎えに出た私はそれらしい人がみあたらずきょろきょろ。と、すぐ傍でジーパン姿で小さなバッグをさげた青年（失礼？）がうろうろ。まさかともしやが半々でたずねる。「あの…清水さんですか…」「ハア…そうです」。破顔一笑、その笑顔のあたたかいこと、いっぺんにうれしくなってとびつきたいような思い…。作者の貌と作品との相関性はないけれど、こちらは勝手に細面で眼鏡をかけた、額にかかる前髪を細い指でかきあげる一見インテリ風の人物と思い込んでいたのだからおおきなお世話…で全く想像力の貧困（？）。その後の交流のなかで求心性と遠心性の重層的な構造をもつ作品をつくりあげるのはやっぱりこういうタイプなのかなあ、などと僭越に思ったりもするのだが。

〈「私にとっての清水邦夫」・「清水邦夫の世界」掲載・１９８２年〉

この時、清水は、４日間旭川に滞在、星野らの質問に答えるなどアドバイスするとともに、劇団員らと交流した。知り合いの口利きがあったとはいえ、地方のアマチュア劇団の公演のため、劇作家がわざわざ訪れるというのは、やはり異例なことである。

星野とともに、老婆の一人を演じた中心俳優の一人、池の内にじ子（本名・伊東仁《いとうに》慈子《じこ》）はこう回想している。

「横浜ボートシアター」…１９８１（昭和56）年10月、遠藤啄郎らが、横浜の中村川に浮かぶ木造船を拠点に旗揚げした劇団。アジアの伝統様式を取り入れた舞台創りと独自の仮面劇が特徴。代表作に「小栗判官・照手姫」「マハーバーラタ」「西遊記」などがある。

遠藤啄郎…１９２８（昭和３）年、神奈川県生まれ。旭川の高校を卒業後上京。大学卒業後、画家として活動を始め、その後、ラジオ、オペラ、舞踏などに幅を広げる。１９７２（昭和47）年に劇団「太陽の手」結成。３年後の解散のあと、一時、「黒テント」に演出スタッフとして関わる。１９８１（昭和56）年に「横浜ボートシアター」結成。１９８３（昭和58）年に「小栗判官・照手姫」の演出で、第18回紀伊國屋演劇賞を受賞。

提灯を手に法廷に乱入する老婆たち（1972年）

同時代を生きる劇作家、演出家として、演劇界に燦然と輝いていた唐十郎、蜷川幸雄、**佐藤信**《さとうまこと》、**鈴木忠志**…。その一人である清水邦夫さんが、「鴉よ…」の演出の為、旭川に来てくれるという。劇団員は、私のみならず、皆驚き、喜んだ。一方、作者を納得させるだけの舞台を創ることができるのか、私にはひるむような気持ちがあったと思う。

その思いをねじふせ、「なんとしてもいい舞台を創りあげるのだ。演劇の世界に中央も地方もあるはずがない」―という一念で、劇団員はもとより、参加したすべての人がその時に持ちうるすべてのエネルギーを注ぎ込み、劇空間を創りあげていったように思う。

その熱い真情には、アマもプロもないという矜持もあった。疾風怒涛のごとく花道から登場する老婆の一群に、清水さんは圧倒され、驚いていたことを記憶している。

〈池の内回想〉

佐藤信…１９４３（昭和18）年東京生まれ。「自由劇場」を経て、１９６８（昭和43）年「演劇センター68／71」の結成に参加。以後、座付き作家、演出家として活動する。１９８０年代より東南アジアを中心に海外との交流を深める。「世田谷パブリックシアター」の初代芸術監督を経て、杉並区立杉並芸術会館「座・高円寺」の芸術監督を務める。「黒テント」の活動のほか個人劇団「鴎座」も主宰。

鈴木忠志…１９３９（昭和14）年、静岡県生まれの演出家。１９６６（昭和41）年に「早稲田小劇場」を創設。１９７６（昭和51）年、富山県利賀村に拠点を移し、「ＳＣＯＴ」と改称。下半身に重点を置いた俳優訓練法「スズキ・トレーニング・メソッド」を提唱。「水戸芸術館」芸術総監督、「静岡県舞台芸術センター」芸術総監督等を歴任。２０１６（平成28）年、中国の北京市郊外に演劇塾を創設するなど、旺盛に活動を続ける。

【清水が感じた「河」】

池の内の回想にあるように、はじめて「河」の舞台表現に触れた清水は想像以上の印象を受けたようである。そのあたりを前述の「光ある孤立感を！」に詳しく書いている。少し長くなるが引用する。

（筆者注＝「鴉よ、おれたちは弾丸をこめる」には）様々なモチーフを織り込んだつもりだが、その一つには舞台の前後の闇から挟撃される〈孤立感〉というものを浮き彫りにしたいという表現意欲があった。「河」の稽古には、すさまじいエネルギーが内包されているにもかかわらず、彼等個人が持つ〈孤立感〉が、したたかに芝居にはねかえっていた。そのことに限っていえば、ぼくの作品はその鞭に耐えうるかどうか不安に思うほどであった。これは一体どういうことなのか？（中略）

実は出会いというものと、別れ、つまり訣別とはいつもどこかでシャム兄弟のようにつながっている。たとえば、我々が真の新しい出会いを求める時、どこかで光を失った過去ときっぱり訣別しなければならない状況に追い込まれたりする。要するに、政治の問題にしても、思想の問題にしても、創造の問題にしても、我々は新しい出会いのために、形骸化した部分、腐敗した部分を、切り捨てる行為の裏打ちが必要である。新しい出会いというものは、それだけの努力と、飛躍のうえに存在するものだといえる。演劇は、その意味である種の＜つらさ＞を持つものだし、この＜つらさ＞の認識は、アマであろうとプロであろうと、本質的なところでは全く同じでなければならないのだ。つまり、その＜つらさ＞の認識欠如のグループは、少なくとも演劇のたしかなる部分とかかわりえないと断言出来る。

真の＜孤立感＞は強烈な存在感をもたらす。生半可の連帯は演劇にはむしろ無用である。少なくとも「河」という劇団の体質は、このことを痛烈に物語っていた。

〈「光ある孤立感を！」・「シナリオ」１９７２年９月号掲載〉

法廷を占拠する老婆たち（1972年）

実は、清水が旭川を訪れたのは、組織内の緊張感が失われてきたとして決断された「現代人劇場」の解散と、連合赤軍事件などを受けてより深く時代と関わろうとした「櫻社」の結成との間の時期に当たる。それゆえ「我々が真の新しい出会いを求める時、どこかで光を失った過去ときっぱり訣別しなければならない状況に追い込まれたり」という言葉は、今でも悲痛さを伴って響いてくる。

また詳しくは後述するが、当時の「河」のメンバーは、仕事をしながら趣味で芝居に取り組むというより、演劇活動を行うために、美容師、用務員、業界紙記者、売り子といったさまざまな仕事をしていた。

その劇団員の〝決意〟と、星野の妥協しない創造の姿勢が相まって、「河」は「多くのアマチュアリズムが持つ＜参加することこそ無上の喜び＞といったあのおぞましい空気がまるでない（清水）」集団たりえたのであろう。

清水は、「河」の俳優たちに感じた＜孤立感＞を、＜今日という時間＞という言葉に置き換えて、こうも書いている。

（筆者注＝「河」と）ぼくとの出会いは「鴉よ、おれたちは弾丸をこめる」という戯曲の上演がきっかけで、今から六・七年前だ。爆弾事件の被疑者としてつかまり裁判にかけられる孫を助けようと、十数人の老婆が裁判所を占拠する話である。この時の老婆たちの臨場感あふるる演技には仰天した。そして、そこには確かなる＜今日という時間＞が流れていた。これをみてぼくは大変油断のならないグループだと思った。

〈「河・その流れ」・「芸術新潮」1980年10月号〉

「河」による「鴉よ…」の公演は、5月と6月に旭川市公会堂で行われた。同時代を鋭く活写した舞台は、エネルギッシュな役者たちの演技と形にとらわれない演出で観客を魅了した。

この年「河」に入団し、河村直人《かわむらなおと》の名で俳優として活動するとともに、塔崎とともにミニコミ誌「劇と評論」の編集などに当たった細川泰稔《ほそかわやすとし》は、こう回想している。

「鴉よ…」では判事を演じたが、それが自分の初舞台だった。劇の主役は過激な婆さんたち。彼女たちは通常の演劇のように、舞台のそででではなく、客席の出入り口から現れて舞台上の法廷に乱入してきた。「芝居とはこんなにも自由なものか」という思いがしたのを覚えている。

〈細川談〉

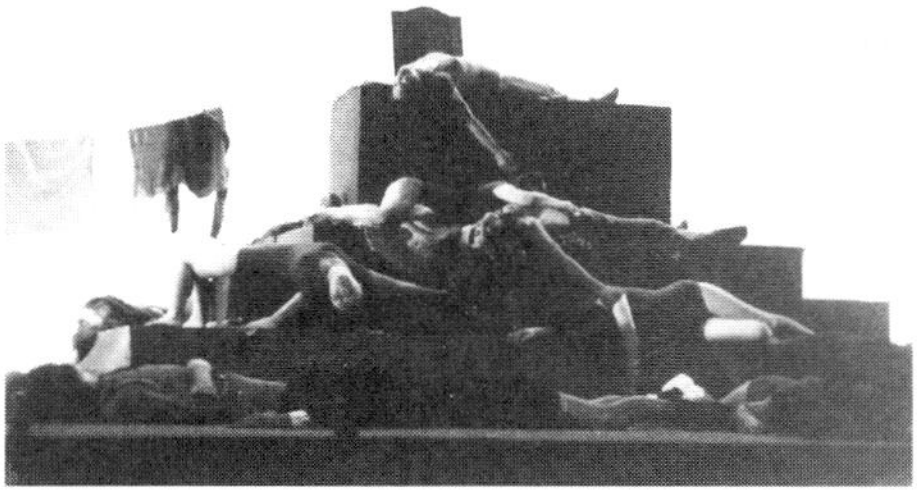

若者に変身したあと射殺された老婆たち（1972年）

このように「鴉よ…」の上演がきっかけとなって始まった清水邦夫との交流。「河」による清水作品の舞台化は、劇団の活動停止まで続くことになる。

なお、この「鴉よ…」は、蜷川幸雄が結成した最高齢80歳（発足時）という高齢者劇団「**さいたまゴールド・シアター**」のレパートリーとして取り上げられ、２０１４（平成26）年、蜷川の演出によって、香港とパリを含む国内外の５つの都市で上演されている。

「さいたまゴールド・シアター」…２００５（平成17）年、「彩の国さいたま芸術劇場」の芸術監督に内定した蜷川幸雄が提案して２００６（平成18）年に結成された55歳以上の団員による劇団。２０１３（平成25）年には、清水邦夫作の「鴉よ、おれたちは弾丸をこめる」で初の海外公演（パリ公演）を行ったほか、翌年には同じ演目で、３か国５都市のワールドツアーを行った。

【第５章】

唐十郎作品との出会い

【アングラの旗手】

１９７０年代前半、「河」は清水邦夫作品と並行して、当時、若者たちの圧倒的な支持を集めていた劇作家（演出家・俳優でもある）の作品の上演に取り組む。

それが60年代後半から、８角形の紅いテントを引っ提げて、演劇界に新風を吹き込んだアングラ・小劇場演劇の旗手、**唐十郎**《からじゅうろう》の作品である。

唐は、１９４０（昭和15）年、東京生まれ。**明治大学文学部演劇学科**を卒業後、１９６３（昭和38）年に、明大の学生劇団だった「**実験劇場**」を母体に、「状況劇場（創設時はシチュエーションの会）」を結成した。

１９６７（昭和42）年には、**新宿花園神社**に初めて**紅テント**を張って、唐作の「**腰巻お仙・義理人情いろはにほへと篇**」を上演。**大島渚**《おおしまなぎさ》の映画「**新宿泥棒日記**」に唐や

唐十郎…１９４０（昭和15）年、東京生まれ。劇団「青芸」研究生を経て、１９６３（昭和38）年「シチュエーションの会」を旗揚げ（翌年「状況劇場」に改名）。３年後、紅テントでの公演を開始、アングラ演劇の旗手として喝采を浴びる。１９７０（昭和45）年には、「早稲田小劇場」に書き下ろした「少女仮面」で、第15回「新劇」岸田戯曲賞を受賞。１９８８（昭和63）年、李麗仙と離婚して「状況劇場」を解散。同年、劇団「唐組」を旗上げした。

劇団が実名で登場するなど、多くのメディアで取り上げられた。

さらに唐と紅テントの名を一般にも広く知らしめたのが、69年1月の「新宿中央公園事件」である。**「腰巻お仙・振袖火事の巻」**の公演場所として、新宿中央公園の使用許可を再三申請したものの、東京都が拒否。これに反発した唐は、厳重な警戒態勢を敷く都側に陽動作戦を仕掛け、ゲリラ的にテントを張ることに成功する。数百人の機動隊員がテントを取り囲む中、最後まで上演を行った（上演後、唐や当時の妻の**李**《り》**礼仙**《れいせん》（＝現在は麗仙）らは逮捕）。

こうして日常の空間に、演劇という非日常を内包した〝テント〟をもって切りこんでいくという画期的な手法で注目された「状況劇場」だったが、戯曲や俳優の演技も従来の新劇とはかけ離れていた。

初期の「状況劇場」の舞台には、唐や看板女優だった李のほか、退団後舞踏家として活躍する**麿赤児**《まろあかじ》（＝現在は赤兒）や、現在は人形作家として活動し、当時は歌舞伎の女形のような存在だった**四谷**《よつや》**シモン**など、多数の〝怪優〟がいた。

唐は68年に発表した「特権的肉体論」のなかで、こう書いている。

役者というものはけっして、その五体を作家及び作品に奉仕しはしません。作品を自分の生きながらえる術として、常に盗んでいく存在なのです。となれば、作者とは、その才能の楽しさを書きあげた瞬間から役者に奪われていく人ということになるかもしれません。そして演出とは、役者と作品の両者を、相対的時限

明治大学文学部演劇学科…正確には「明治大学文学部文学科演劇学専攻」。学問としての演劇学を学ぶため、演技等の実習は行われていない。OBに唐のほか天童荒太（小説家）、福留功男（アナウンサー）など。ちなみに筆者もOBであり、劇団「ワハハ本舗」の女優、柴田理恵が同期だった。

「実験劇場」…昭和30年代、明大の演劇学専攻の第6期生によって設立された。ちなみに筆者が演劇学科にいた昭和50年代後半、大学には、「実験劇場」、「活劇工房（筆者が在籍）」、「劇研（演劇研究部）」の3つの演劇サークルがあったが、いずれも現在も活動を続けている。

新宿花園神社…江戸時代以前から新宿の総鎮守として祀られている神社。1960年代以降、唐十郎が率いる「状況劇場」が境内にテントを張って公演するなど、文化活動に対する理解が深い。

紅テント…正しくは「くれないテント」だが、「あかテント」と呼ぶ人が多い。唐十郎の代名詞となった8角形の大型テント。

爆弾としての的確な流通口に導き按配する煽動者ということになるでしょう。
（中略）
そして、劇道の口火を切るのは、恒に演劇百姓であるあの役者に拠ってであることは必定でしょう。まず、戯曲があるのではなく、演出プランがあるのでもなく、バリっとそろった役者体があるべきなのです。

〈「腰巻お仙　特権的肉体論」・1968年〉

この言葉通り、初期の唐の戯曲は、すでに唐本来の猥雑であざといさまざまなイメージが散りばめられているものの、基本的には、劇団の俳優に向けて書かれたいわゆる「あて書き」であり、役者に奉仕する「台本」だった。

しかし1969（昭和44）年、同じくアングラ・小劇場演劇の代表格として評価を高めていた**「早稲田小劇場」**に書きおろした**「少女仮面」**（鈴木《すずき》忠志《ただし》演出、**白石《しらいし》加代子《かよこ》**、**吉行《よしゆき》和子《かずこ》**ら出演）を契機に〝戯曲〟としての完成度も増し、唐は演劇界の中に確固とした地位を占めてゆく。ちなみに「少女仮面」は、翌年、劇作家の芥川賞と呼ばれる第15回の**「新劇」岸田《きしだ》戯曲賞**を受賞している（唐は83年、小説**「佐川君からの手紙」**で〝本家〟の芥川賞も受賞している）。

「腰巻お仙・義理人情いろはにほへと篇」…1967（昭和42）年8月、「状況劇場」が新宿花園神社境内で上演した作品。初めて「状況劇場」が紅テントを使って行った日本の演劇史上でも記念碑的な公演である。

大島渚…1932（昭和7）年生まれ。大学卒業後、松竹に入社し、1959（昭和34）年の「愛と希望の街」で監督デビュー。篠田正浩、吉田喜重とともに松竹ヌーベルバーグの旗手と呼ばれた。代表作に「絞死刑」、「愛のコリーダ」、「戦場のメリークリスマス」など。

「新宿泥棒日記」…1969（昭和44）年に公開されたATG配給の映画作品。唐十郎ら、当時、新宿で活動していたさまざまな人物が実名で登場するドキュメンタリータッチの作品。

【アングラ・小劇場演劇の台頭】

もう少し、この時代の演劇界の動きを押さえておこう。

アングラ・小劇場演劇は、60年代後半に入って一気に代表的な劇団が揃い、新しい潮流となってゆく。

１９６６（昭和41）年には鈴木の「早稲田小劇場」と、黒テント＝**「演劇センター68／71」**の母体となった佐藤信《さとうまこと》らの**「自由劇場」**が旗揚げし、67年には**寺山修司《てらやましゅうじ》**の**「演劇実験室　天井桟敷《てんじょうさじき》」**が活動をはじめ、前述したように「状況劇場」の紅テントが初めて登場している。唐、鈴木、佐藤、寺山は、「アングラ演劇四天王」と呼ばれた。

さらに前章で触れた蜷川幸雄、清水邦夫らの「現代人劇場」と「櫻社」の活動も、この時代のアングラ・小劇場演劇の一翼を担ったことは言うまでもない。

こうした劇団や演劇人の活動はそれぞれに特色があるが、共通していたのは、戦後民主主義に裏打ちされた「新劇」へのアンチテーゼである。それは、唐の「特権的肉体論」に見られるように、戯曲、演出、俳優、組織など演劇を構成するあらゆるものに異議を唱え、再構築する動きだった。

それは高度成長に陰りが出始め、あらゆる価値観に異議が唱えられ始めた〝時代〟を反映し、大きな改革のうねりとなった。

「腰巻お仙・振袖火事の巻」…１９６９（昭和44）年1月、「状況劇場」が新宿中央公園で初演した唐十郎の戯曲。初日の終演後、唐らが逮捕されたことから上演の継続が危ぶまれたが、２日後に釈放された唐らは、新宿西口の駐車場に停めた大型トラックに紅テントを張って公演を継続した。

李麗仙（礼仙）…１９４２（昭和17）年、東京生まれの女優。舞台芸術学院を中退し、１９６３（昭和38）年に「状況劇場」に参加。以後、「腰巻お仙」シリーズや「二都物語」などでヒロインを演じ、劇団の顔となる。１９８８（昭和63）年、唐十郎と離婚。息子は俳優、小説家の大鶴義丹。

麿赤兒（赤児）…１９４３（昭和18）年生まれの俳優、舞踏家。初期の「状況劇場」で活躍した後、１９７２（昭和47）年に舞踏集団「大駱駝艦（だいらくだかん）」を結成。映画、テレビの出演も多数。俳優の大森南朋は次男。

四谷シモン…１９４４（昭和19）年生まれ。１９６７（昭和42）年、俳優として「状況劇場」に参加。人形作家としては、ハンス・ベルメール

【唐作品への挑戦】

「河」による唐作品への挑戦には、こうした改革への共感が背景にあるが、直接的にはメンバーの多くが直接その目で紅テントでの唐の芝居を観たことがきっかけとなった。

実は、南下志向の強い唐と「状況劇場」だが、1回だけ北海道に上陸して公演を打っている。それが、「河」が「鴉よ…」を上演した１９７２（昭和47）年、北海道大学構内に張られた紅テントで上演された「**二都物語**」である。その舞台を観た衝撃は大きく、さっそく若手劇団員から、翌73年の上演候補として唐作品が上がってきた。

ただ当時の唐の作品は、「あて書き」の側面が強かっただけに、個々の役者の存在感が決め手となる。星野は「よほど役者の出来が良くないと、ひとさまにお見せできるものにはならない」と感じたが、劇団内部の熱の高まりを受け、踏み切ることにした。

さっそく「河」は初めての唐作品の上演に向け、準備を始める。取り上げたのは、初期の代表作の一つ「腰巻お仙・振袖火事の巻」。「新宿中央公園事件」の際に上演されたあの作品だった。

準備に先立ち、星野は東京で公演中の唐本人をアポなしで直接訪ね、上演許可および支援を申し出るという〝荒業〟に出る。

の影響を受けたエロティックな作品群で知られる。

「早稲田小劇場」…鈴木忠志、別役実らが結成した「新劇団自由舞台」を母体に、１９６６（昭和41）年に創立。１９７６（昭和51）年、富山県利賀村に拠点を移し、「ＳＣＯＴ」と改称。

「少女仮面」…第15回「新劇」岸田戯曲賞を受賞した唐十郎の作品。「早稲田小劇場」に書き下ろされ、１９６９（昭和44）年、鈴木忠志の演出で初演された。「早稲田小劇場」の看板女優、白石加代子と、劇団「民藝」の吉行和子が競演したことでも話題となった（吉行は、この出演が原因で「民藝」を退団）。

白石加代子…１９４１（昭和16）年生まれの俳優。１９６７（昭和42）年、「早稲田小劇場」に入団。「劇的なるものをめぐって」シリーズなどで中心俳優として活躍した。１９８９（平成元）年に「ＳＣＯＴ」を退団、以後、様々な舞台、映画、テレビドラマに出演している。

公演の期間中なら、必ず会えるだろうと思って、上京した。思い切ってテントの中にいた劇団員に用件を伝えると、「唐なら近くの喫茶店にいる」という。入っていくと中に本人がいた。風の強い日で、唐さんは髪の毛がぐしゃぐしゃになった私を見て驚いたようだったが、北海道から来たと言って少し話すと気に入ってくれた。音効のテープ（当時は6ミリのオーディオテープで、効果音や劇中歌の伴奏などを流していた）や小道具など「必要なものは何でも貸してあげる」と言ってくれた。

〈星野談〉

当時、唐が30代前半で、星野はほぼひとまわり上。そんな年長者が、北海道から自分の芝居をやりたいと直接言いに来たのだから、唐も驚いたのではないだろうか。物おじしない星野の人柄も唐の興味を引いたようだ。

星野はこのあとも何度か紅テントを訪ね、唐だけではなく、李ともおしゃべりしあう仲になっている（そばには子供だった息子の**大鶴義丹**《おおつるぎたん》もいたとか）。旭川に戻った星野はさっそく稽古を本格化させた。

「腰巻お仙・振袖火事の巻」は、初期の「状況劇場」を代表する「腰巻お仙」シリーズの3作目に当たる4幕劇である。「床屋」と「永遠の客」のコンビ、「ドクター袋小路」と名乗る怪人などシリーズおなじみのキャラクターが喜劇的なやりとりを繰り広げ、NHKのラジオドラマ「**笛吹童子**」の笛の音とともに、ヒロインの「少女（片桐

吉行和子…1935（昭和10）年生まれの俳優。父は作家の吉行エイスケ、兄は作家の淳之介、妹は詩人の理恵。劇団「民藝」を経てフリーとなり、舞台、映画、テレビドラマで活躍している。

「新劇」岸田戯曲賞…出版社である白水社が主催する戯曲賞。日本の新劇運動を指導した劇作家、岸田國士の功績を顕彰するために1955（昭和30）年に創設された。1979年に岸田國士戯曲賞と改称された。

「佐川君からの手紙」…1982（昭和57）年に発表され、第88回の芥川賞を受賞した唐十郎の小説。前年に、パリでオランダ人女性殺人・人肉食事件を起こした佐川一政（心神喪失により不起訴）との手紙のやり取りをもとに執筆された。

「演劇センター68／71」…1968（昭和43）年に「自由劇場」、「六月劇場」、「発見の会」の3劇団の連合組織として発足。1970（昭和45）年から大型の黒色テントを使い、全国移動公演を始める。1990（平成2）年には、劇団「黒テント」と改称し、活動を続けている。

仙）」は挑戦的な「腰巻お仙」に変身する。

シリーズのなかでも特に「振袖火事の巻」は、公園使用を巡る都や警察との対立を背景に、権力への悪意がむき出しにされており、幕切れの直前において「お仙」は、警察官に変身した「**明智小五郎**と名のる堕胎児」たちを銃殺する（「河」版では、過激すぎるとしてこのシーンはカット）。

「河」の公演では、少女（お仙）を吉岡《よしおか》ちず子《こ》と池の内にじ子のダブルキャスト、「ドクター袋小路」を塔崎健二が演じた。星野は演出に専念した。

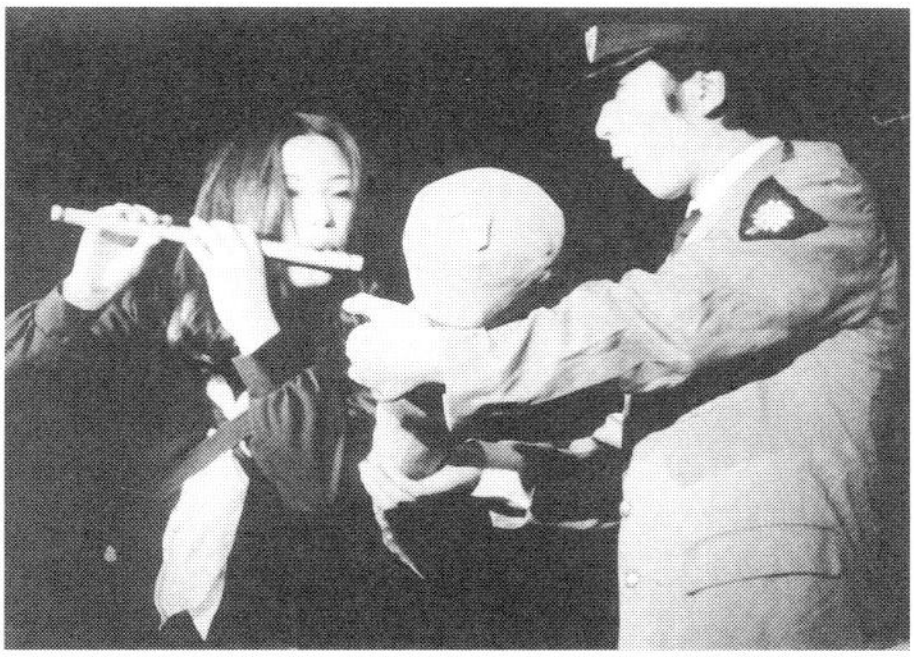

「腰巻お仙・振袖火事の巻」吉岡ちず子と山口正利（1973年）

唐さんの作品は、理屈では割り切れないところがあるので、正直、手探りの状態で稽古を始めた。ただ通し稽古をしたときに、すーっと1本線が通ったように感じ、自分の中で腹に落ちた。唐さんと会ったときに、その話をしたら、「そう、それでいいんだ」と言ってくれた。

〈星野談〉

公演は、市内にある農協ビルの会議室を借りて行った。テント芝居のように床に座布団を敷いて

「自由劇場」…1966（昭和41）年、「俳優座養成所」出身の佐藤信、串田和美らが結成。東京六本木の「アンダーグラウンド自由劇場」を拠点に活動、その後、「六月劇場」とともに「演劇センター68／71」の母体となった。

寺山修司…1935（昭和10）年、青森県生まれ。歌人、詩人、劇作家、演出家、映画監督などマルチな才能を発揮した。演劇の分野では、1967（昭和42）年に旗揚げした演劇実験室「天井桟敷」の主宰者として、国内外で活躍した。

「演劇実験室　天井桟敷」…1967（昭和42）年、寺山修司らが結成。同年「青森県のせむし男」で旗揚げ公演を行う。「毛皮のマリー」や、市街劇「ノック」、「レミング」など前衛的な作品を次々と発表し、海外での評価も高かった。寺山の死去に伴い、1983（昭和58）年に解散。

「二都物語」…唐十郎作・演出の「状況劇場」の代表作の一つ。1972（昭和47）年3月の初演は、当時戒厳令下にあった韓国ソウルで行われた。ヒロインのリーランは李麗仙の当たり役だった。

観客を座らせ、その観客席とほぼ同じ高さの〝舞台〟で芝居を演じた。さらに幕間劇では、客席の中に役者が入り込み、そこを即席の舞台とした。

吉岡とともにヒロインを演じた池の内は、１９６９（昭和44）年の入団で、その年に上演された**秋元松代**《あきもとまつよ》作の「**かさぶた式部考**」で「河」での初舞台を踏んだ。以後、最後の公演まで「河」に関わり続けた中心俳優である。

私は「河」が決定的に変わったのは、この「腰巻お仙」だったと思う。それまでは公会堂のような舞台と客席がはっきりと分かれた空間で芝居創りをしていたが、そうした空間には収まりきれない舞台表現こそ、その時の自分たちがやりたいものだった。また「河」の観客も、それまでの新劇志向の人たちから、この作品を機に大きく変わっていった。

〈池の内回想〉

さらにこの舞台では、星野の意向で、ラストシーンに独自の演出が加えられた。本家の「状況劇場」では、お仙が、どこか分からないところで起きている戦争に行くと言う青年、円谷芳一《つぶらやほういち》に向かって「帰ってこい。そしたら、この町にバラックを建てて一緒に暮らそう」と語り、「どこで？」と返す芳一にテントの彼方に広がる新宿の町を指す。

これに対し、「河」の舞台では、「これから戦争に行く」という芳一に対し、お仙が

大鶴義丹…１９６８（昭和43）年、東京生まれの俳優、小説家。１９８４（昭和59）年、ＮＨＫドラマ「安寿子の靴」でデビュー。父親は劇作家、俳優の唐十郎、母親は俳優の李麗仙。

「笛吹童子」…１９５３（昭和28）年にＮＨＫのラジオドラマとして放送され、人気を呼んだ北村寿夫作の「新諸国物語　笛吹童子」の主人公。のちに映画やテレビドラマでも取り上げられた。

明智小五郎…江戸川乱歩の小説に登場する私立探偵。「少年探偵団」シリーズでは、助手の小林少年とともに、数々の難事件を解決に導いた。ライバルの怪人二十面相も人気があった。

秋元松代…１９１１（明治44）年、神奈川県生まれの劇作家。戦後、三好十郎に師事してシナリオの執筆を始める。１９７９（昭和54）年の「近松心中物語」は、蜷川幸雄の演出で上演され、高い評価を受けた。他に「常陸坊海尊」、「七人みさき」などの代表作がある。２００１（平成13）年、90歳で死去。

「ほぉー戦《いくさ》か。死ぬなよ。帰って来い。帰ってきたら、一緒に暮らそう」と応える。「どこで」と聞く芳一に、お仙が「あそこで」と指さすと、紗幕が開き、無数の卒塔婆が現れた。

【初の野外劇】

この年、「河」は、5月の「腰巻お仙・振袖火事の巻」に続き、9月に「鐵仮面《てっかめん》」、11月に「二都物語」と、立て続けに唐作品を上演している。

「腰巻お仙・振袖火事の巻」幕間芝居の塩崎忠道（1973年）

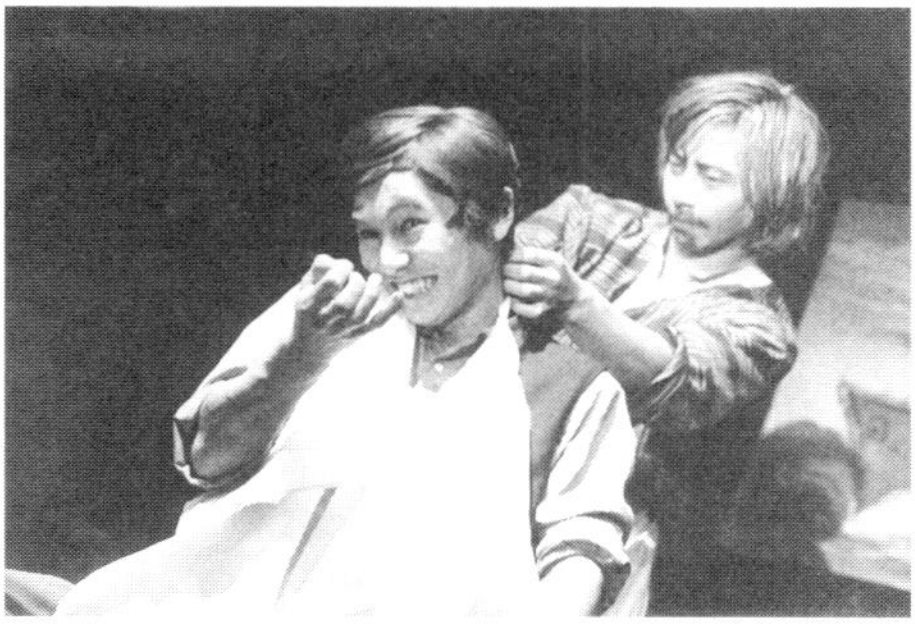

「腰巻お仙・振袖火事の巻」左から北門真吾、室谷宣久（1973年）

「かさぶた式部考」…1969（昭和44）年に発表された劇作家、秋元松代の戯曲。和泉式部伝説に基づいて執筆したテレビドラマ「海より深き」を舞台劇として改稿した作品。全編が九州の方言で書かれている。

「鐵仮面」…1972（昭和47）年10月、「状況劇場」が上野の不忍池水上音楽堂で初演した唐十郎の戯曲。

「鐵仮面」山口正利と池の内にじ子（1973年）

このうち「鐵仮面」は、「状況劇場」が１９７２（昭和47）年10月に初演した作品である。唐の作品には珍しくヒロインは、暁テル子と千羽スイ子の姉妹を名乗るキャバレーのホステスの２人である。同じ年の５月、大阪で起きた、ホステスら１００人以上が焼死したビル火災と、７月に名古屋で起きたやはりホステスの２人の女によるバラバラ殺人事件を踏まえて書かれている。

「状況劇場」では、上野公園にある**不忍池水上音楽堂**で上演されたが、「河」は**常磐公園**の千鳥ヶ池を公演場所に選び、劇団初の「野外劇」となった。

当時のパンフレットに載せられている地図によると、芝居は千鳥ヶ池にある**亀ヶ島**の半分を舞台にして上演され、観客はその手前に敷いたゴザに座って観劇した。

この作品では、唐などが逮捕された「状況劇場」ほどではないが、亀ヶ島での〝舞台〟稽古中、役者同士の激しいやり取りを、喧嘩と勘違いした近くの住民が通報し、警察官が駆けつけるという野外劇ならではのトラブルがあった。この時は、実際に俳優が演技をして、芝居の稽古であることを納得してもらったという。

「不忍池水上音楽堂」…上野公園の不忍池のほとりにあるイベント施設。不忍池野外ステージとも呼ばれる。客席は約１１００。コンサートや演劇等に利用され、開閉式の屋根がある。

常磐公園…１９１６（大正５）年に開園した旭川市中心部の都市公園。２つの島が浮かぶ千鳥ヶ池とイベントなどの会場となる自由広場を中心に、道立旭川美術館、旭川市中央図書館、旭川市公会堂などの公共施設が建ち並んでいる。

亀ヶ島…常磐公園の千鳥ヶ池にある２つの島のうちの一つ。もう一つは、上川神社頓宮のある千鳥ヶ島。千鳥ヶ島が「千鳥」の形をしているのに対し、亀ヶ島は長円形。島に渡る半円形の橋は太鼓橋と呼ばれている。

【名作「二都物語」】

「河」による唐作品3作目となる「二都物語」は、「鐵仮面」に先立って72年3月、戒厳令下の韓国ソウルで初演された「状況劇場」の代表作である。他の唐作品と同じく、複雑な構造を持つ作品だが、演劇評論家の**扇田昭彦**《せんだあきひこ》は、以下のようにこの戯曲の筋立てをまとめている。

戦時中、日本の憲兵に殺された兄の幻を求めて、東京をさすらう朝鮮の少女リーランは、妹の光子を連れた青年内田のうちに兄の面影を見て、そこに兄妹のフィクショナルな世界を復元しようとする。一方、リーランに憲兵の父親を殺された息子たちは、失われた日本人の戸籍を探す「幽霊民族」となって日本をさすらい、ここに民衆の悪夢は海峡を超えてぶつかりあい、暗い渦を巻く。

〈「解題」・「唐十郎全作品集第二巻」掲載・1979年〉

野外劇版「二都物語」の手作りチケット（1973年）

扇田昭彦…1940（昭和15）年、東京生まれ。朝日新聞の学芸部記者、編集委員として長年、多くの劇評を執筆した他、演劇評論家、大学教授としても活躍した。「日本の現代演劇」（岩波書店、1995年）など著書多数。2015（平成27）年、74歳で死去。

「河」は、この作品を「鐵仮面」上演のわずか2か月後の73年11月に上演している。演出は、ヒロインのリーランを演じた星野にかわり、初めて塔崎が担当した。

劇のクライマックスでは、リーランが回転するメリーゴーランドの赤い木馬にまたがり、「百円ちょうだぁいっ！」と絶叫する。

「二都物語」星野由美子（1973年）

「二都物語」より（1973年）

木馬は舞台裏の男優たちが手動で動かす仕掛けになっていた。「リーランは難しい役だったが、演じていて爽快感があった」と、星野は語っている。

「河」による「二都物語」は、1974（昭和49）年から75年にかけても計5回上演されている。3回は帯広と滝川での出張公演で、残り2回は「鐵仮面」に続く常磐公園での野外公演だった。この公演では、本家の「状況劇場」と同じく、ずぶ濡れの役者が池の中から登場するという演出も行われた。

なお「二都物語」は、「河」の活動の末期に当たる1984（昭和59）年にも上演され、塔崎と池の内のダブル演出で、旭川市公会堂と札幌道新ホールで披露されている。

また73年の「河」による唐作品の3連続公演では、2作目の「鐵仮面」から、現在、道内で上演される多くの舞台を対象に、劇評の執筆活動を続けている松井《まつい》哲朗《てつろう》（「河」では、主に小森思朗《こもりしろう》の名で活動）

「二都物語」より（1973年）

が役者として参加している。

松井は当時、「河」による「腰巻お仙・振袖火事の巻」を見て衝撃を受け、参加を決意したという。松井はこの時、38歳、すでに3人の子どもがいた。

自分は学生時代から人形劇の劇団に関わっていたが、「河」による「腰巻お仙」にはハンマーで殴られたようなショックを受けた。すぐにおばちゃんの所に行き、「何でもいいから、『河』の舞台に関わらせてほしい」と頼み込んだ。その時点では、役者をやるという頭は全くなかったが、次の公演の「鐵仮面」では舞台に立たされていた。

〈松井談〉

〝遅れてきた新人〟松井は、その後も主要メンバーとして「河」の活動を支え、その歩みは劇団が活動を停止する1986（昭和61）年まで続くことになる。

【アングラ路線を支えた蓄積】

見てきたように、１９６８（昭和43）年の「友達」の上演が契機となった「河」の路線転換は、１９７２（昭和47）年の清水邦夫作「鴉よ、おれたちは弾丸をこめる」への挑戦で進み、翌年の唐十郎3作品の連続上演で決定的となった。

全国的に見れば、この時期以降、「河」のように、演劇界に新風を送ったアングラ・小劇場演劇の作品に挑戦する劇団は少なくなかったが、その多くは単なる模倣に過ぎず、舞台としての感銘を与えるものにはならなかった。

これに対し「河」の舞台は、前章で紹介した清水の例のように作者自身をも驚かせ、松井のように観る者の人生に影響を与えるような水準にあった。

これについて、筆者は、北海道演劇界の重鎮である演出家、**鈴木喜三夫**《すずききみお》の意見を聴く機会を得た。その際の鈴木の見解が、示唆に富むものだったのでここで紹介したい。

鈴木は札幌市生まれで、１９５９（昭和34）年、28歳の時にプロ劇団「**さっぽろ**」を創設し、長く代表を務めた舞台人である。また北海道の演劇史の執筆をライフワークとしている。

「河」の舞台には、「河」が和久俊夫の演出のもと、正統派のリアリズム演劇を追求していた時代から、星野が主宰となり路線変更された以降も継続して接した。また「河」が、「**道演集（北海道演劇集団）**」に所属していたことから、星野らとも親交が

鈴木喜三夫…１９３１（昭和6）年、札幌生まれ。札幌北高校時代から演劇と関わり、上京して玉川大学で学ぶ。ＮＨＫのテレビライターなどを経て、１９５８（昭和33）年、札幌に戻り、翌年28歳の時にプロ劇団「さっぽろ」を結成、長く代表を務める。１９８６（昭和61）年、北海道の演劇史の執筆のため「さっぽろ」を退団。以降、「鈴木喜三夫＋芝居の仲間」、「座・れら」などで活動。２００４（平成16）年に「北海道演劇　１９４５－２０００」刊行。

「さっぽろ」…１９５９（昭和34）年に、鈴木喜三夫、今野史尚らが結成した北海道初の本格的なプロ劇団。創立以来、財政的な困難に苦しんだが、60年代に入り、各地の中学校、高校で作品を上演する道内巡回公演が定着し、安定した収入を得られるようになった。創立から半世紀を超えた現在も学校公演、一般公演と精力的に活動を続けている。

あった。

その鈴木は、アングラ・小劇場演劇路線に変更後の「河」の舞台について、高い水準にあったとしたうえで、「その背景には、和久の指導のもと、長くリアリズム演劇を追求してきた土台があったことが大きい」と見る。

前述のように、和久の主宰時代、「河」は三好十郎やプリーストリー、リリアン・ヘルマンなど、いずれも人間存在の根幹に迫る骨太のテーマの作品に挑んだが、その取り組みは、着実に俳優たちを成長させた。またそれは集団としての「河」の力量を増大させた。

路線変更後の清水作品や唐作品では、多くの若手劇団員が俳優として舞台に立ったが、中心は和久演出のもとでのリアリズム劇で俳優としての実力を養った星野や塔崎であり、若手でも中核を担った吉岡ちず子や池の内にじ子らは、複数の舞台で和久から直接指導を受けていた。

さらに「河」の作品創りは、路線変更後も、きわめてオーソドックスなプロセスを愚直に守った。つまり、時間をかけて本読みを行い、脚本の読解を深めたのち、立ち稽古に入り、試行錯誤しながら基軸からディティールへと具体的な詰めを行っていくという作業である。

鈴木は、こうした俳優の蓄積や劇団のノウハウがベースにあったからこそ、斬新な演出やエネルギッシュな演技が単にスタイルだけではない〝実〟を持ったとみる。

さらに鈴木は、路線変更後の「河」の舞台が、道内の他の劇団に「斬新な刺激」を

「道演集（北海道演劇集団）」…道内で活動する劇団によって、1963（昭和38）年2月に結成されたネットワーク組織。演劇祭の開催やワークショップの実施、機関誌の発行などの事業を行っている。

「海の牙ー黒髪海峡篇」
チラシ（1975年）

与え、北海道の演劇界を活性化したと高く評価しているが、それは次章で述べる劇団の本拠地創りに関して顕著だった。

【第6章】

「河原館」オープン

【土蔵利用の小劇場】

「喫茶&シアター」と書かれた立て看板が置かれた小さな建物。カメラが中に入ると、青地に人の顔の模様が入った縦長の〝暖簾〟。それをくぐると、半地下の空間に20脚ほどの椅子とテーブルが並んでいる。

１９７５（昭和50）年2月、ＮＨＫ旭川放送局が劇団「河」の活動を追って制作し、全道放送したドキュメンタリー「ほっかいどう７３０　仲間たちの小劇場」の１シーンである。

劇団「河」の拠点「**河原館**《かわらかん》」は、前年の74年6月、常磐公園正門に近い旭川市7条通4丁目にオープンした。

北海道新聞は、「劇団『河』が自前の〝小屋〟旭川に喫茶店小劇場『河原館』と

「河原館」…１９７４（昭和49）年、常磐公園正門脇の旭川市7条通4丁目にオープンした劇団「河」の拠点劇場&喫茶店。１９８７（昭和62）年に閉鎖されるまで、「河」の公演のほか、さまざまなイベントの会場として活用された。

「河原館」（1974年）

見出しを付けて、こう伝えている。

劇団「河」は、昭和三十三年一月の創立（筆者注＝実際は34年1月）で、同じく旭川の「**やまなみ**」と並ぶ、古い自立劇団だが、二年前に劇作家清水邦夫を演出に招いてからは、アングラ劇団的色彩が強くなり、ユニークな活動が目立っていた。

自分の劇場を持つことは、道内のすべての自立劇団の夢だが、その希望を最初に実現させたのは、ここ一、二年の活発な活動があったればこそ。（中略）

店開きする喫茶店劇場は、常磐公園近く、七条四丁目。古い土蔵を改造したもので、普段は客席二十の小さな喫茶店。週末になると、いすを片付けて入り口内部の階段を利用した客席五十の小劇場に早変わりする。

〈北海道新聞夕刊・1974年5月28日付〉

70年代に入り、清水邦夫や唐十郎の作品の上演に挑み、大きく変貌した「河」は、舞台表現の幅を広げる一方、上演空間の確保という問題に直面していた。

「やまなみ」…1964（昭和39）年、北大演劇研究会出身の菅野浩が中心となって設立された旭川の劇団。社会性の強いテーマの戯曲に取り組むなど、一貫して新劇的なスタイルの舞台創造を行った。「河」と並び旭川の二大劇団と称される。

特に唐作品は、もともとテント芝居の「状況劇場」で上演されていた作品だけに、大胆に水を使ったり、装置を大がかりに崩したりと、派手な演出が多かった。また「河」では上演していないが、清水作品でも**「泣かないのか？泣かないのか一九七三年のために？」**では、舞台が公衆浴場に設定され、大きな浴槽が設けられた。

そして何より、こうした作品を経験したメンバーたちは、観客の目の前で俳優が演じる「小劇場」型の芝居の醍醐味を知ってしまっていた。このため公会堂のような舞台と客席に〝距離感〟のある従来型の空間の利用はすでに眼中になかった。

劇団の活動の拠点にもできる自前の小劇場を持ちたい。メンバーのいずれもがそう感じていた時、劇団員の一人が、かつてジャズ喫茶として利用されていた常磐公園近くの小さな土蔵を借りることができるという話を聞きつけてきた。

「土蔵なら外に音が漏れず、周りにも迷惑をかけない」。実際に訪れて見てみると、皆すっかり気に入った。

日中は喫茶店として営業し、夜に稽古や公演を行うことにしよう、と意見は一致したものの、問題は、土蔵を借りるとともに、芝居のできる空間に改修するための費用をどう捻出するかだった。

劇団に蓄えなどあるわけはなく、考え付いたのがいわゆる「チリ紙交換」だった。実は、当時は**オイルショック**の影響で、古紙の価格が高騰していた時期だった。手始めに、近所を回って古新聞や古雑誌を集めて業者に持ち込むと、予想以上の値が付いた。「これはいける」と本格的に取り組むことにして、仕事のない土日にメンバーが

「泣かないのか？泣かないのか一九七三年のために？」…1973（昭和48）年10月、蜷川幸雄の演出で「櫻社」によって初演された清水邦夫の戯曲。銭湯を舞台にしたゲイボーイによるショーの中、「真情あふるる軽薄さ」、「鴉よ、おれたちは弾丸をこめる」、「ぼくらが非情の大河をくだる時」と、「現代人劇場」からの清水・蜷川コンビの作品の場面が挿入された。この作品で「櫻社」は解散し、2人による青春劇は終焉を迎えた。

オイルショック…1970年代にあった原油供給のひっ迫と価格の高騰に伴う経済的な混乱。物がなくなるとの噂から、トイレットペーパーや洗剤などの買い占めが起きた。

集まり、旭川市内はもとより、帯広や北見方面まで出かけて古紙を集めた。

この「チリ紙交換」では、メンバーが持っていた軽トラックで各地を回ったが、車に付けたスピーカーから流す〝口上〟も自作した。

「あげてよかった。もらってよかった。愛のチリ紙交換」。

当時、「河」が取り組んでいた唐十郎の芝居には、「愛の床屋」、「愛の乞食」といった人物が登場した。「チリ紙交換」に「愛の」と付けたのは、唐にならったのかもしれない。

さらに、この後「河原館」の専従スタッフを務めた池の内と星空由香子（星野の次女。スタッフ、俳優として「河」の活動に参加）は、買物公園を、リヤカーを引いて回って古紙を集めたという。

こうした努力で、メンバーは、土蔵の賃貸と改修に必要な資金を手にすることができ、さらにはその後の劇団の活動資金を得る手段も得ることになったわけである。

こうして開設が現実となった劇団の拠点。劇団名である「河」と、土蔵の近くに石狩川が流れていること、かつて演劇に携わっていた人たちが「**河原者**」と呼ばれていたこと、などから名称は「河原館」と決めた。

「河原館」の看板

ちなみに「河原館」があった場所（今も建物は同じ場所に残っている）は、旭川市内を流れる**牛朱別《うしゅべつ》川《がわ》**の流路の切り替えが行われた昭和6〜7年以前は川岸だった場所で、まさしく「河原」だったところ

河原者…江戸時代に、歌舞伎役者を貶めて言った呼び名。もともと中世に被差別民を河原者とした蔑称から来ている。

牛朱別川…旭川市を流れる石狩川の支流。かつては市の中心部を流れ、大雨の度に氾濫して被害が出ていたが、1930（昭和5）年からの切り替え工事で流路を変えた結果、水害は著しく減少した。

である。建物の前面には、大きくペンキで「河原館」の文字が入れられた。

　こうして「河」の拠点となった「河原館」だが、公演をするときは、椅子とテーブルを外に出し、半地下の空間に降りる5段の階段に客を座らせた。新聞記事には客席50とあるが、これは通常舞台として使う空間の一部まで客席として使い、ぎゅうぎゅうに詰めての数字である。通常では30～40人でいっぱいだった。

　空間の狭さは織り込み済だったが、困ったのは建物が石造りのため新たな出入り口が作れないことだった。役者が出入りできるのは、もともとの入り口1か所のみ。このため建物奥の天井部分に穴をあけ、そこに梯子をかけて屋根裏への通路を作った。

「河原館」の内部

屋根裏には脇に小さな窓があり、そこから屋根をつたって表に出ることが出来た。通常の入り口へは〝客席〟である階段の真ん中にスペースを空けておいて、そこを役者が通路として使用した。この〝簡易花道〟につながる玄関スペースと天井の穴、この2か所をそで代わりに使って芝居を打った。

　道内では70年代後半以降、拠点となる自前の小劇場を設ける劇団が現れるが、「河原館」はその草分けと言える。

【こけら落とし】

こうして誕生した「河原館」、オープンは6月1日と決まった。こけら落としに上演されたのは、「ぼくらが非情の大河をくだる時」。1972（昭和47）年、「鴉よ、おれたちは弾丸をこめる」の演出助言のため旭川を訪れた清水邦夫が、東京に戻ってから蜷川幸雄らと結成した「櫻社」の旗揚げに用意した作品だ。

この芝居は、この年3月に明らかになった連合赤軍によるリンチ殺人事件を踏まえて書かれている。主な登場人物は3人。「櫻社」では、詩人で妄想に取りつかれた弟を蟹江敬三が、兄を石橋蓮司が、父親を**本田《ほんだ》龍彦《たつひこ》**が演じた。

ある日の「河原館」

作品の舞台は、夜な夜な同性愛者が集まる都会の公衆便所である。弟はその下に無名戦士の死体が埋まっていると信じている。土蔵を利用した「河原館」は、そんな作品の雰囲気にぴったりだった。「河」の舞台では、弟を北門《ほくもん》真吾《しんご》（本名・志田《しだ》陽一《よういち》）が、兄を塔崎が、父親を小森思朗（本名・松井哲朗）が演じた。

塔崎は、未発表の小説「**鎮魂譜・ランラン―フチの沈黙―**」（原題「北方《ほっぽう》雨譜《うふ》―フチの沈黙―」）の中で、この舞台について、次のように描写している。

本田龍彦…「現代人劇場」や「櫻社」の作品に出演していた俳優。竜彦との表記もある。「鴉よ、おれたちは弾丸をこめる」では「裁判長」を、「ぼくらが非情の大河をくだる時」では「父」を、「明日そこに花を挿そうよ」では「修造」を演じた。

「鎮魂譜・ランラン―フチの沈黙―」…塔崎健二が1995（平成7）年に書いた未発表の小説。原題は「北方雨譜―フチの沈黙―」。親交のあった石山キツヱの事故死など、当時の塔崎の周辺で起きた様々な出来事をもとにしている。主人公の竜胆（りんどう）も塔崎自身の姿が投影されている。

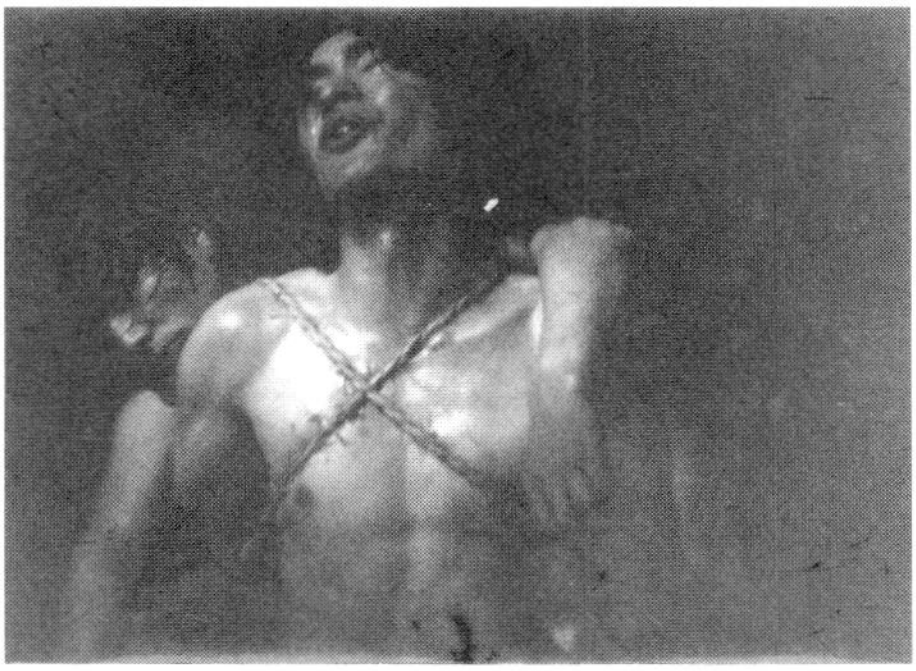

「ぼくらが非情の大河をくだる時」
塔崎健二（前）と北門真吾（後）（1974年）

まっくらな土蔵は奥行も知れず、涯から吹いてくる風が次第に渦を巻くように闇の底の観客にまといついて、かすかに鐘の音が響き始めた。ゆっくりと音楽が頭をもたげる。

エルトン・ジョンの『**葬送**』。

奈落から立ちあがるように弟を荒縄でくくり背負った半裸の兄が浮きあがり、雪が舞い狂って、闇の底はふぶきだ。

曲がかすかに主題に移行して、びっしょりと汗にまみれた兄は階段に足をかけて、低くつぶやく。

誰だ、泣いているのは…風か…いや水の音だ…河だ、河が流れている…くさい、ひでえ臭いだ、きっとくさった動物の死骸が流れてるんだ、猫やら豚やら人間やら…ああ、なんて汚辱に充ちて華やかな混乱なんだ…とにかく河岸までいこう。構うもんか、おれはのどがカラカラだ、さ、おれにしっかりつかまるんだ、ふり落されるな、もし無事に河岸へつけたらおれたちは舟を出すぞ、

エルトン・ジョン…１９４７（昭和22）年生まれ。１９６９（昭和44）年のデビュー以後、数々のヒット曲を生み出してきたイギリスを代表するシンガー・ソングライター。代表曲に「僕の歌は君の歌」、「黄昏のレンガ路」、「キャンドル・イン・ザ・ウインド」など。

「葬送」…１９７３（昭和48）年に発表されたエルトン・ジョンの２枚組のアルバム「黄昏のレンガ路」の冒頭を飾る荘厳な曲。２曲目の「血まみれの恋はおしまい」とのメドレーになっている。

たとえ十月の蝶にも似たか弱い舟でも、おれたちは漕ぎ出すんだ……
〈塔崎健二「鎮魂譜・ランラン―フチの沈黙―」（原題「北方雨譜―フチの沈黙―」）より・台詞は清水邦夫作「ぼくらが非情の大河をくだる時」・1995年より〉

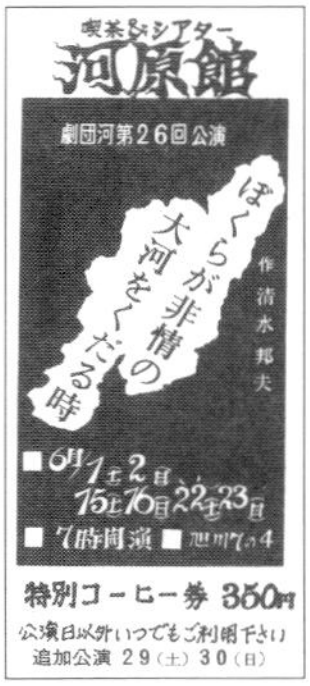

こけら落し公演のチケット

芝居は、「河原館」オープン初日の1日に加え、2日、15〜16日、22〜23日、29〜30日の毎週末に上演された。旭川以外の道内から訪れる客もいるなど、どれも盛況だった。

【劇空間としての土蔵】

さまざまな制約はあったが、「河原館」の半地下の土蔵という空間は、観客の目前で芝居が行われるという小劇場ならではの臨場感だけでなく、劇空間として独特の存在感があった。特にそれは、底流にさまざまな情念が渦巻く清水作品や唐作品の上演時に、顕著に感じることが出来た。

「河」と交流のあった詩人の**吉増剛造**《よしますごうぞう》は、「河原館」での観劇体験（78年の清水作「**楽屋**」）についてこう綴っている。

雪をふみ、土蔵に入ると一瞬暗闇（やみ）に包まれる。白雪の輝く旭川の街路

吉増剛造…1939（昭和14）年、東京生まれ。慶応大在学中から詩作を始め、斬新な作風で常に現代詩をリードしてきた。詩の朗読パフォーマンスの先駆者の一人でもある。2016（平成28）年には、「声ノマ全身詩人 吉増剛造展」と題された企画展が、東京国立近代美術館で開催された。

「楽屋」…1977（昭和52）年に、秋浜悟史演出により「木冬社」が渋谷の「ジァン・ジァン」で初演した清水邦夫の名作。日本で最も多く上演されている戯曲とされる。2016（平成28）年4月から5月にかけて、東京世田谷区の劇場「梅ヶ丘BOX」で18の劇団が「楽屋」を競演する「燐光群アトリエの会『楽屋』フェスティバル」が開催され、14日間にわたり61ステージが披露された。

から一歩ふみこむと小さな、だが深い闇がある。しかも蔵の土間は（そこが舞台になるのだが）半地下の位置にあって入るとすぐに急な階段を降りて行かなければならない。（中略）

ここに一歩ふみこみ私は不思議な奈落にひきこまれるような体験をした。つまり劇的なものに不可欠の闇の垂直性が感じられて、その入り口に立っていたのだといいなおしてもよいだろう。（中略）

大地に根ざすといったり、土着、土俗、民俗といういい方を私達はすることがある。（中略）しかし土間に坐ってみた「河」の舞台の印象はそうしたいい方がもたらすものと異なっていて、地中深く埋蔵された穀物類を掘り出す作業に似ていた。その声もしぐさも舞台の底へ底へと、引きこまれてゆく。

〈北海タイムス・1978年3月28日付〉

この感覚は、「河原館」を訪れたことのあるものであれば、即座にうなずけるであろう。石造の半地下の空間は、建物ごと地中に突き刺さっているような印象を与えた。また役者の出入りについても、土蔵ゆえの制約は、逆に劇的な効果を生んだ。清水邦夫の言葉である。

一番奥が舞台。上手の方に梯子に近い階段がついていて屋根裏の方に伸びている。つまり屋根裏が楽屋というわけで登場退場はその階段を使っておこなわれる。

さもなければ、客席の背後の出入口を使う。（中略）

しかし屋根裏から降りてきてまた屋根裏に消える登場退場は、実際そこでの芝居を見るとなかなか悪くないことに気づく。ある充分な〈溜め〉をもって劇的世界へとびこむことが出来るし、消え方にしてもくっきりとひとつのイメージを放電する。脱出なら脱出、逃亡なら逃亡。考えてみるに、人物の登場退場はつきつめてみるとたいていいいまあげたどっちかの意味をもつ。そういったことをぼくはこの劇場であらためて発見した。

〈「旭川の演劇集団『河』」・「芸術新潮」１９８０年10月号〉

これも「河原館」での観劇体験者なら、同意するに違いない。特に天井から役者が登退場するときは、その非日常さも相まって、行為そのものが〝スリリング〟だった。さらに「河原館」では、舞台の奥に板で壁を作り、そこに作った扉から、歌舞伎の戸板返しのようにして役者が出入りするなど、制約を逆手に取ったさまざまな〝入退場〟が行われた。

こうした試みの中心となったのは、スタッフ、キャストとして、数多くの「河」の舞台に参加した勝又三郎《かつまたさぶろう》（本名・勝浦達也《かつうらたつや》）である。勝は、旭川東高校時代に「河」に関わり、その後入団したが、手先が器用だったため、主に装置を担当。さまざまな〝仕掛け〟を考案し、実際に形にした。芝居にのめり込んだ彼は、その後、進学した教育大学旭川校を中退、会社勤めを経て職業訓練校に入学する。そこで「大工」の技能を学び、さらには独学で建築士の資格を取ったという。

自分たちが自由に使うことが出来る拠点であり、しかも新たな劇表現の可能性を秘めた〝場所〟を確保することができたことで、「河」はさらに精力的に舞台創りを進めることになる。

そのエネルギッシュな活動を支えていたのは、妥協を許さない創造に向けた姿勢だった。

【第７章】やりすぎたアマチュア

【アマかプロか】

〝一過性〟が基本の芸術である演劇の場合、その舞台を生で体験していない人に、上演によって体現された「何か」のありさまを伝えるのは、至難の技である。もちろん舞台の模様を映像で伝えるテレビの「劇場中継」といった試みはかなり前から行われてきたし、現在は人気劇団の舞台を収録したＤＶＤなども制作されている。それによって舞台表現の一端を知ることはできるが、それもそうした記録が残っているのは一握りの舞台だけ。まして70年代、80年代のアマチュア劇団の公演であれば、台本や舞台写真が残っているのが関の山である。

「河」についても、当時の公演については、台本（戯曲）や写真が残されているのみであり（一部断片的な映像あり―後述）、あとは当時、実際に舞台や稽古の現場を体験した人が書き残したものや記憶に頼るしかない。

この章では、地方の一アマチュア劇団であった「河」の舞台が、地元の多くの観客の支持を受けただけでなく、なぜ在京の多くの演劇人からも高い評価を受けたのか、その背景を関係者の文章や証言から探っていきたいと思う。

まず紹介するのは、初期の「黒テント」に演出家、プロデューサーとして関わった経験を持つ編集者の**津野海太郎**《つのかいたろう》の文章である。津野は、「黒テント」時代、北海道巡業公演がきっかけで、「河」のメンバーと交流するようになった。

> かれらは芝居の集団である。芝居をやることの上に、直接にさまざまの労働を重ねあわせている集団である。チリ紙交換をやる。山菜をとってきて、行商をやる。もちろん河原館のキッチンなどで立ち働く。そのことは別に美談でもなんでもない。そうした労働の時間と芝居の時間とを強引に振りあわせて、そこに一個の動く集団をつくりだせるかどうか、である。（中略）
> 重ねていうが、わたしの眼に映った劇団「河」とは、星野由美子という稀有の存在を中心として、なによりもまず、そのような集団の質をていねいにつくろうとしている集団なのであり、そして、それはどんな意味においても、労働の余暇にお芝居ごっこをやったりする―そのお芝居ごっこの内容がリアリズム演劇であろうとアングラであろうと―アマチュア劇団の営為ではありえないのだ。かりにアマチュア劇団であるとすれば、かれらはもはや限度をこえてやりすぎたアマチュ

津野海太郎…１９３８（昭和13）年生まれ。雑誌「宝島」の前身「ワンダーランド」の発行などで知られる晶文社の編集者として活躍する。また１９６８（昭和43）年創設の「演劇センター68／71」（現「黒テント」）にも深く関わり、プロデューサー、演出家として活動した。

ア劇団である。ちょうどわたしたち自身がそうであるように。
〈「劇団『河』、そして『河原館』とのであい」・「ステージガイド札幌」１９７６年5月号〉

ここで津野が触れているのは、舞台の質ではなく、集団の質にかかわる話である。しかし集団で行う創作活動である演劇の場合、まず「どのような集団を作り、どのように維持するか」が表現の質に決定的に関わってくる。それは個々の劇団員の〝才能〟や〝技量〟よりも、もっと根本的なところで舞台の質を大きく左右するのである。

こうしたことを星野は本能的に分かっていたのであろう。星野は１９７４（昭和49）年に**雑誌「新劇」**に掲載された文章の中で、「私共はプロとアマとの自己規定は余り問題としておらず…恐らく〈持続〉の質の中で、或る根源的なものを志向する、その一点でアマとプロの径庭は問題になる」としている。すなわち、当時の星野にとって劇団運営とは、プロであるか、アマチュアであるかよりも、舞台創造に対するある〝決意〟を持った集団として継続していけるかが唯一無二の命題だったのである。

こうした星野らの姿勢については清水邦夫も、「彼等はプロの劇集団を目ざしているわけではなかった。といってアマという妙にストイックな考えに縛

番組出演の際の記念写真（NHK旭川放送局・1981年）

雑誌「新劇」…東京神田の出版社、白水社が、１９５４（昭和29）年に創刊した演劇雑誌。新作の戯曲を積極的に掲載した。また60年代後半から台頭してきたアングラ・小劇場演劇を後押ししたことでも知られる。１９９０（平成2）年、「レ・スペック」と改称されるも、ほどなく休刊。

られるつもりも毛頭ないようだった。その意味では大変自由だった。もっといえば、これほど、〈自由な演劇人〉はめったにいないと思った。〈「河・その流れ」・「芸術新潮」1980年10月号〉」と述べている。

【演劇することの困難さ】

津野や清水を感心させた「河」の姿勢だったが、ただ自らをプロともアマとも規定しないという態度は、〝自由〟ではあるが〝キツイ〟ことである。なぜなら創造上の苦難に出会ったとき、アマチュアは生活を第一に考えれば良いのであり、プロは苦難の克服にのみ専念できるからである。

これに対し、アマでもなくプロでもない演劇人は、なぜさまざまなものを犠牲にして苦難に立ち向かわなければならないか、常に自問自答し、決意する必要に迫られる。そのあたりの困難さについて、塔崎健二は次のように書いている。

…〝演劇人〟たろうとする困難は、「地方」演劇、或いは業余演劇（筆者注＝本業のかたわらという意味。つまりアマチュア演劇）と冠される次元により累積しており、ここをどのようにくりこむのかが、自覚的に進み得るか否かの分岐点でもあります。

例え私達がこう生きたいという姿勢で演劇とつながったとしても、そこが創造の世界である限り、その創造次元の壁が重くのしかかってきます。創造上の理念的追求ならば、意識空間をどこまでもはせ昇ることによって、可能性を秘めていますが、演劇が生身の肉体の訓練のうえに舞台化されるものである限り、そこでの蓄積、伝統の欠如が苦々しい自嘲に私達を誘います。

しかもそのことは業余としての、つまり生活者としての制約や「地方性」にまつわる諸々の条件によって一層、拍車をかけられます。地理的条件の異相は、「地方」演劇固有の制約を他の芸術ジャンルよりも、かなり深刻なものとしており、これをたじろがずに見つめ、なおも執着していくことが自覚的歩みに至ることだとはいっても、なんともシンドイと言わざるを得ません。（中略）

恐らく、この二重の相を裡にくりこみ、その困難制約を否定的媒介にしてしか、課題の実現はないのでしょう。

〈塔崎健二「劇団『河』回顧・展望その二」・「蛙昇天」パンフレット掲載・1967年11月〉

時代を反映して、やや言葉遣いが難解だが、要約すれば、以下の2点が地方のアマチュア劇団の活動にとって大きな壁となっていると塔崎は指摘しているのであろう。

①俳優が肉体を通して表現し、しかも集団作業である演劇の場合、高い水準に達するには、理念だけではなく、身体表現や俳優同士のアンサンブルの習熟が不可欠であり、それには集団としての伝統（蓄積）が必要であること。

②人口の少ない地方では、プロとして劇団を運営する経営基盤がなかなか見込めず、

したがって仕事と演劇の両立といったさまざまな制約が存在すること。塔崎は、こうした困難さに直面することを「なんともシンドイ」と語っているが、一方では、それは困難さに真摯に向き合った証拠と言える。

【追い込む演出】

このように困難さに真摯に向き合った末の数限りない〝決意〟。その上に築かれた「河」の芝居は、それゆえ「魂の底から湧きあがる力があった」と星野は語る。

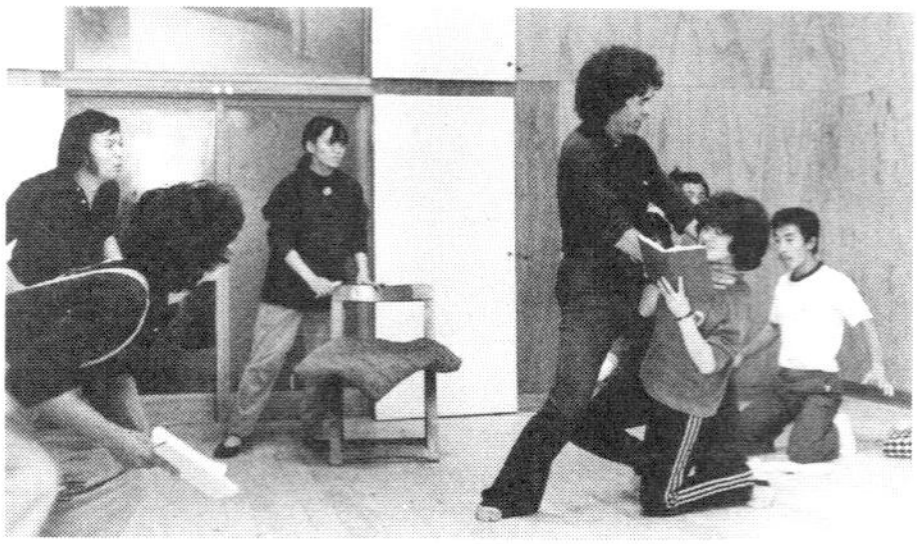

「ふらぬい山房」での稽古

さらにその力を支えていたのは、牽引者だった星野の異常なまでのバイタリティだった。

星野の演出は、一言で言えば「追い込む」演出である。いわゆる「ダメ出し」には一切のためらいはなく、容赦なく役者を〝口撃〟した。それは、役を〝生きる〟ためには、自身の存在をかけて役と向き合うことが必要だと星野が信じているからである。

当時「河」では、劇団員の仕事が終わってから、平日の毎夜、稽古が行われていた。星野の厳しい追い込みに、感情を爆発させて「河原館」の外に飛び出してゆく役者があとを絶たなかった。

再び、塔崎の言葉である。

なにしろ演ずるのは生身のからだだ。稽古のなかでようしゃなく裸のすがたが暴かれてゆき、すなおでない感情や肉体はエゴをむきだしにする。劇団が傷と傷をひっかきあうような暴力的なエネルギーにあふれている限り、いつも頬をひきつらせて歪みっぱなしだ。全く健康に良くない。解毒剤は結局誰も与えてくれはしない。にっちもさっちもならず、どんづまりは自分自身でしかない。このことを自覚するのはつらい、つらいがそれをはっきりみつめねばならない。(中略)

なによりもダメな自分を知ることは悪い気持ではない。極めてさっぱりと、あっけらかんとしたものだ。しかしそこにたどりつくのは案外むずかしい。なんともはや不経済なまわり道の連続だ。だからこそうじうじと惨めったらしく続けざるを得ないのであり、そうした自覚に誘ってくれる劇団と個の関係が好ましいと思うのだ。倒錯心理を述べているようだが、芝居というものが、やけに道草を喰う、まわり道の世界であること、その本質性を言いたいのだ。

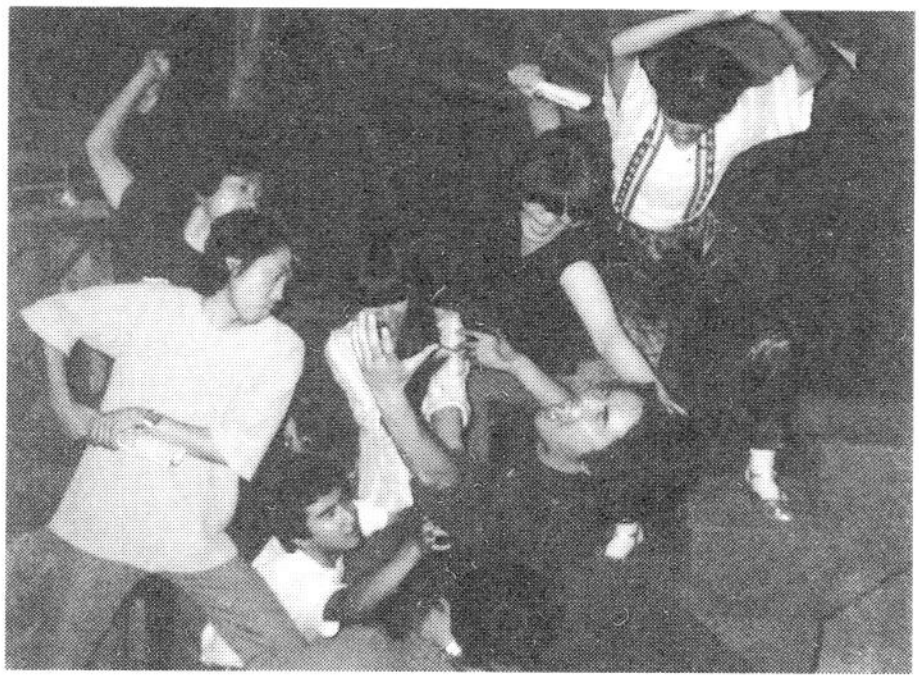

「火のようにさみしい姉がいて」の稽古

〈北海道新聞夕刊・1980年1月12日付〉

ここには、星野の演出を触媒として、不器用な「身体」と「精神」を持つ自分と真摯に向き合うことで、突破を図る俳優の心情が表されている。ただこの塔崎でさえ、星野の罵倒に対し、感情の高ぶりを押さえられず、稽古場の壁を拳で殴って穴を空けたこともあるという。

塔崎とともに、長く星野と向き合った池の内にじ子はこう語る。

ある芝居では、「お前には心に傷がないのか、それを見せてみろ」と、執拗に追い込まれた。星野演出では、役者がリアリティーを掴むまで、完膚なきまで追い詰める。感情が激してくると、ヒステリカルに罵倒し、打ちのめす。それは、俳優がまとっている日常を引き剥がし、一歩ずつ戯曲の世界に誘う星野独特のメソッドだったと思う。ただ稽古が終わると、鬼とも修羅とも化した星野は、普通の「おばちゃん」に戻る。役がまとわりついている私としては、その急転直下の変わり身に幾度となく驚かされたものである。

〈池の内回想〉

また同じく長く俳優を務めた松井哲朗は、星野の厳しい追い込みに、しばしば登校拒否ならぬ〝登団拒否〟状態になったと語っている。

大道具を整理する劇団員たち

こうした「河」の中心メンバーの文章や話を聞いていて思い出すのは、「早稲田小劇場（現ＳＣＯＴ）」を率いる演出家、鈴木忠志の言葉である。鈴木は演劇評論家、扇田昭彦との対談の中で、「状況がいろいろ変わったといっても、（われわれは）そういう意味では不変のものの方を信じていた。つまり人間がみじめったらしいところで芝居をやろう、と。つまり、肯定して未来を謳歌できない感情のほうからしか芝居は組み立てない〈扇田昭彦『日本の現代演劇』・１９９５年〉」と述べている。

そこには、不自由で不格好な生身の身体を使って、〃生〃のありかを探るという「アングラ・小劇場演劇」の多くの劇団が追求した決意が見える。

おそらく当時の「河」のなかにも、演劇とはこうしたものだという感覚は無意識のうちに共有されていたのではないか。星野は「声が良いわけもなく、容姿が優れているわけでもなく、演技も下手くそだった私たちが、お金をもらって観客に見せることが出来ることは何か。それは、魂の根底から絞り出す自分自身しかないと思っていた」と述べている。

【引き継がれる〝DNA〟】

こうした舞台表現へのアプローチは「河」の芝居に迫力を生み出し、多くのファンだけではなく、当時、北海道内で様々な形で演劇と関わっていた人たちにも刺激を与えた。

そうした人たちの中には、現在も地域に根ざしてさまざまな形で演劇活動を行っている人が少なくない。この章の最後は、そうした演劇人を紹介することで、「河」の舞台を支えたいわばＤＮＡが、直接的、間接的に、今も引き継がれている状況についてふれておきたい。

まずは、１９７５（昭和50）年に帯広市で旗揚げした劇団「**帯広演研《えんけん》**」の主宰者、片寄晴則《かたよせはるのり》である。

片寄が初めて「河」の舞台を観たのは、１９７４（昭和49）年。「河」の初めての帯広公演で、出し物は唐十郎作の「二都物語」だった。当時、片寄はすでに帯広市内の劇団に所属して舞台創りに関わっていたが、その彼にとってもこの作品は圧倒的な魅力があった。当時を振り返って片寄は「何もかもが、当時の自分たちのレベルからはかけ離れていて、同じ北海道の地方のアマチュア劇団でも、これほどの舞台が作れるのかと驚嘆した」と話している。

この経験を踏まえ、翌年、志を同じくする仲間と劇団を立ち上げた片寄は、一貫し

「帯広演研」…２０１５（平成27）年に創立40周年を迎えた帯広市のアマチュア劇団。小劇場演劇にこだわった創作活動を続け、２０００（平成12）年には、劇作家、演出家の平田オリザの書きおろし戯曲「隣にいても一人」を、２００５（平成17）年には、鐘下辰男の書きおろし作「いち・ご白書」をそれぞれ上演した。

平田オリザ…１９６２（昭和37）年、東京生まれの劇作家、演出家。劇団「青年団」主宰。「こまばアゴラ劇場」芸術監督。日常会話に近いやりとりで進行する「現代口語演劇理論」を提唱した。代表作は、１９９５（平成７）年に第39回岸田國士戯曲賞を受賞した「東京ノート」など。

「隣にいても一人」…フランツ・カフカの小説「変身」を下敷きにした平田オリザの不条理劇。

鐘下辰男…１９６４（昭和39）年生まれの劇作家、演出家。帯広三条高

て小劇場にこだわった芝居創りを進め、ついには公務員を辞めて市内に喫茶店を開く。以来、この喫茶店「大通《おおどおり》茶館《さかん》」や、２００１（平成13）年まで11年間に渡って利用された稽古場兼常設の小劇場「演研芝居小屋」、さらには現在の本拠地である「演研・茶館工房」を中心に公演活動を続け、２０１５（平成26）年には、劇団創設40周年の節目を迎えている。

　またこの間、創立25周年の２０００（平成12）年には、親交を深めていた劇作家、**平田オリザ**の書き下ろし作品「**隣にいても一人**」を、また30周年の２００５（平成17）年には、同じく**鐘下辰男**《かねしたたつお》の書き下ろし作品「**いち・ご白書**」を上演するなど、特筆すべき成果をあげている。

帯広演研公演「隣にいても一人」（2000年）

　なお「帯広演研」は、合同で合宿を行うなど、「河」と最もよく交流した劇団であり、後述する１９８６（昭和61）年の「河」による「一九八二／嫉妬」の帯広公演では、「帯広演研」の中心メンバーの坪井志展《つぼいしのぶ》が客演している。

　「帯広演研」の片寄と同様、１９７０年代、「河」の舞台に魅了された演劇人の一人に、札幌の劇団「**風**《ふう》**蝕異人街**《しょくいじんがい》」の主宰者であるこしばきこう（本名・小柴熙公）がいる。

校卒業後に上京。１９８７（昭和62）年に「演劇企画集団ＴＨＥ・ガジラ」を創設。１９９７（平成９）年には、「PW－PRISONER OF WAR」、「寒花」で、第32回紀伊國屋演劇賞個人賞を受賞。

「いち・ご白書」…２００５（平成17）年に、劇作家の鐘下辰男が、旧知の「帯広演研」に書き下ろした作品。

「風蝕異人街」…寺山修司作品の上演を目的に、１９９７（平成９）年に、札幌出身のこしばきこうが創設した劇団。札幌市中央区に「アトリエ阿呆船」を持つ。

「利賀演出家コンクール」…「舞台芸術財団演劇人会議」が、２０００（平成12）年に創設した日本初の演出家対象のコンクール。２００８（平成20）年には、舞台創造を担う部門全体に対象を広げ、「利賀演劇人コンクール」となった。

不条理演劇…１９５０年代から60年代にかけて注目されたベケットやイヨネスコ、ピンターら欧米の劇作家による戯曲やそれをもとにした演劇を指す。

こしばは札幌生まれで、北海道大学在学中に休学して上京、当時、「天井桟敷」を主宰していた寺山修司のもとで劇団活動を行った経験を持つ。その後、北海道に戻って教員となるが、最初に赴任した富良野での勤務時代によく「河原館」を訪れた。当時の「河原館」には、こしばのように旭川市以外から「河」の芝居を観に来る客も多かった。こしばは「当時、『河原館』は、道内各地の若い演劇ファンや演劇関係者にとって〝聖地〟のような場所だった。そうした人たちの多くは鉄道を使って旭川に来て、芝居が終わると、夜行列車でそれぞれの地元に戻っていった」と話している。

こしばはその後、赴任した室蘭で劇団を作るなど精力的に演劇活動を続け、1997（平成9）年、45歳の時に「寺山修司作品の上演」を目的にした劇団「風蝕異人街」を立ち上げる。以来、寺山作品を中心に、アングラ色の強い作品創りを進め、「舞台芸術財団演劇人会議」主催の「**利賀演出家コンクール2004**」では、**不条理演劇**の名作、**ウジェーヌ・イヨネスコ**作の「**授業**」で、優秀演出家賞を受賞している。

風蝕異人街公演「青森県のせむし男」（2015年）

さらに2013年、韓国テジョン演劇祭に招へいされた際には、劇団が長く取り組んできた**太田《おおた》省吾《しょうご》**作の無言劇「**水の駅**」を披露し、高い評価を受けている。

こしばは、20代で体験した「河」の作品について、

ウジェーヌ・イヨネスコ…1909（明治42）年、ルーマニア生まれの劇作家。主にフランスで活動し、ベケットやアダモフらとともに、不条理劇の代表的な劇作家とされる。代表作に「禿の女歌手」、「授業」、「椅子」など。

「授業」…1950（昭和25）年に書かれたイヨネスコの最も知られた戯曲。翌年、パリで初演された。日本では俳優の中村伸郎が1972（昭和47）年から11年に渡り、「ジァン・ジァン」でロングラン上演したことで知られる。

太田省吾…1939（昭和14）年生まれの劇作家、演出家。1968（昭和43）年に、旭川市出身の俳優、品川徹らと「転形劇場」を創設。沈黙を重視した独自の舞台創りが特徴。1977（昭和52）年の「小町風伝」により、第22回「新劇」岸田戯曲賞を受賞。劇団解散のあとは、神奈川県藤沢市の湘南台文化センター市民シアターの芸術監督を務めた。「転形劇場」には、テレビや映画で活躍する大杉連も在籍していた。

「水の駅」…1981（昭和56）年に「転形劇場」が初演した太田省吾

「地方に根ざしつつ、人間存在の本質にしっかりと向き合って迫る舞台だった。その意味で自分にとっての原点でもある」と話している。

【演劇振興の推進者にも】

「河」は、1976（昭和51）年から1982（昭和57）年にかけて5回の札幌公演を行っているが、このすべての舞台を〝目撃〟するとともに、一部の公演の実施に関わったのが、ともに北海道の演劇振興の最前線で仕事をしてきた**北海道演劇財団**顧問の平《ひら》田《た》修二《しゅうじ》と、フリースペース「**レッドベリースタジオ**」主宰の飯塚《いいづか》優《ゆう》子《こ》である。

このうち飯塚は、1978（昭和53）年6月の「河」の札幌公演（清水邦夫作「楽屋」）の際、打ち上げに参加したことが縁で星野らとのつながりが生まれた。飯塚は、当時、札幌駅前通にあるファッションビル、**4丁目プラザ**の企画担当をしており、ビル7階にある「自由市場」を会場に、地元劇団による連続公演「自由市場小劇場」を開催していた。

さっそく飯塚はこの催しに「河」を招き、「河」は塔崎が構成・演出したオリジナル作品「詩と劇に架橋する13章」を上演する（「詩と劇…」については、第10章で詳述）。また飯塚は旭川の「河原館」にもたびたび足を運んだ。

当時の「河」の舞台の印象について、飯塚は、「何よりも登場人物の情念が前面に

作の無言劇。その後、劇団の代表作として、世界24都市を巡演した。太田はその後、「地の駅」、「風の駅」、「砂の駅」と駅シリーズを続けた。

北海道演劇財団…1996（平成8）年、設立準備会、期成会を経て創設。演劇の制作公演、演劇による地域文化活動への貢献、まちづくりへの参加、劇場の運営など多岐にわたる活動を行っている。付属劇団の「札幌座」（前身は「TPS＝シアター・プロジェクト・さっぽろ」）と、劇場である「シアターZOO」がある。

「レッドベリースタジオ」…北海道演劇財団の立ち上げなどに携わった飯塚優子が、札幌西区八軒の自宅敷地を利用して、2000（平成12）年12月に開設した15坪のフリースペース。

4丁目プラザ…札幌市中央区南1条西4丁目の駅前通にあるファッションビル。1971（昭和46）年、通りの拡幅事業に合わせ、近隣の商店が協業店舗ビルとして建設、開業した。

「札幌駅裏8号倉庫」…1981（昭和56）年に、札幌市中央区北6

出てくることが印象深いが、戯曲が求めるものはしっかりと押さえられていた。当時、自分は演劇と関わり始めたばかりだったが、その私でも大きな衝撃を受けた」と話している。

飯塚は、その後、1981（昭和56）年9月に開設され、多くの演劇や、映画の上映、ライブ等のイベントが行われた「**札幌駅裏8号倉庫**」の運営委員や**札幌演鑑**の役員を経て、平田とともに「北海道演劇財団」の設立に深く関わる。また現在は5年目を終えた「**札幌演劇シーズン**」の実行委員会事務局長などを務めている。この間、2000（平成12）年には、札幌西区にフリースペース「レッドベリースタジオ」を開設したが、この自前の〝小劇場〟について飯塚は、「若き日に観た『河原館』に影響されたところがあるのかもしれない」と語っている。

レッドベリースタジオ（札幌市西区）

一方、平田は当時、演劇鑑賞団体である札幌演鑑の事務局長をしていて、76年から78年にかけての「河」の札幌公演に足を運んでいた。

その上で、1980（昭和55）年9月、札幌演鑑は例会に「河」を招く。地元北海道の劇団が札幌演鑑の例会で単独で公演するのは、それが初めてだった。

背景には、当時、平田らが進めていた独自の改革の

条西1丁目の石造倉庫を改造して作られたフリースペース。札幌の劇団などが企画運営委員会を設けて運営に当たり、演劇、映画、音楽などの様々な催しが行われた。建物の解体に伴い、北3条東3丁目のやはり古い倉庫に移転したが、86年に閉館。

札幌演鑑（札幌演劇鑑賞会）…札幌に本部を置く演劇鑑賞団体。1971（昭和46）年に発足した札幌労演（札幌勤労者演劇協議会）が前身。1977（昭和52）年に札幌演劇鑑賞会と改称。東京の新鋭劇団や地元劇団の例会への招へい、多彩なプロデュース公演の実施など、先駆的な取り組みで知られる。

「札幌演劇シーズン」…北海道演劇財団、NPO法人コンカリーニョ、札幌市などで作る実行委員会が主催する演劇イベント。札幌で上演された舞台のなかから評判の高かった作品を1か月に渡り集中上演する。創設5年目、10回目の開催だった「札幌演劇シーズン2016―夏」では、札幌市内の4劇場で5団体が44公演し、のべ3800人を動員した。

木村光一…1931（昭和6）年、千葉県生まれの演出家。大学中退後、

取り組みがあった。一つは、「俳優座」、「文学座」、「民藝」の3大劇団やそれに準ずる劇団に加え、演劇界の新しい潮流となっていた若手小劇場系の劇団の招へいを積極的に行うこと、もう一つは地元北海道の劇団の起用だった。

1980（昭和55）年は、この取り組みが大きく前面に出た年である。例会のラインナップには、「結婚披露宴」（アーノルド・ウェスカー作、**木村光一**《きむらこういち》演出、文学座）、「夜明け前　第一部」（**島崎藤村**《しまざきとうそん》原作、**村山知義**《むらやまともよし》脚色、**久保栄**《くぼさかえ》演出、民藝）などと並び、「**熱海殺人事件**」（**つかこうへい**作・演出、つかこうへい事務所）と「河」の公演（清水邦夫作「**火のようにさみしい姉がいて**」）が上がった。

このうち「熱海殺人事件」は、言わずと知れたつかの出世作だが、演鑑の例会公演としては画期的な上演だった。札幌演鑑では、1977（昭和52）年と78年に**出口典雄**《でぐちのりお》主宰の「**シェイクスピア・シアター**」を呼んでいたが、「つかこうへい事務所」のようないわゆる新世代の若い劇団を呼ぶのは初めてだった。

一方、地元劇団の登用は、前年の79年に、札幌の地元劇団の合同公演を例会で上演したのが最初で、「河」の公演は2回目の試みだった。

これについて平田は、「地元の優れた劇団の活動や作品を多くの人に知ってもらうとともに、北海道の劇団の成長にも寄与したいとの思いがあった。『河』の作品、特に清水邦夫作の舞台は、既に札幌でも定評があり、例会での上演を決めた」と話している。

この平田らの取り組みはその後も続き、ほぼ2年おきに、地元劇団の競演である

「文学座」演出部に入り、アーノルド・ウェスカー作「調理場」、テネシー・ウィリアムズ作「欲望という名の電車」などの演出で注目を浴びる。ほかに「こまつ座」での井上ひさし作品の上演でも高い評価を受けた。

島崎藤村…1872（明治5）年生まれの詩人、小説家。1897（明治30）年に第一詩集「若菜集」を発表し、詩人として第一歩を踏み出す。1906（明治39）年には、「破戒」を発表、自然主義を代表する作家となった。

村山知義…1901（明治34）年、東京生まれの前衛芸術家。最初は主に画家として活動。「築地小劇場」で装置を担当した頃から演劇の分野に活動の舞台を移す。「前衛座」、「左翼劇場」、「新協劇団」などで劇作家、演出家、舞台装置家として活躍した。

久保栄…1900（明治33）年、札幌生まれ。「築地小劇場」で演劇を学ぶ。「新築地劇団」、「日本プロレタリア演劇同盟」などで活動。「新協劇団」の旗揚げ公演では、島崎藤村の「夜明け前」を演出した。代表

第１回札幌演劇祭のチラシ（1982年）

「**札幌演劇祭**」や、地元演劇人を起用したプロデュース公演などが行われていくことになる。

このうち「河」は、80年に次いで、82年には第1回の札幌演劇祭に参加する形で、塔崎作の「**まぼろしよ、まぼろしたちよ―青い鳥幻想**」を、また84年には唐作の「二都物語」を演鑑の例会で上演している。

なお平田は、その後、札幌演鑑の理事長を務めた後、１９９６（平成８）年には、発足したばかりの北海道演劇財団の事務局長に就任。さらに常務理事、専務理事を歴任し、現在も財団の顧問を務めるなど、北海道の演劇振興に大きく貢献している。

【「河」の経験をもとに】

最後に、実際に「河」の舞台を踏んだ経験があり、その後、独自の道を歩み始めた２人の演劇人を紹介したい。

まず一人は、長く高校演劇の指導者として活動するとともに、自らも札幌を中心に

作である北海道十勝を舞台にした「火山灰地」は、戦前のリアリズム演劇の最高傑作とされる。

「熱海殺人事件」…１９７３（昭和48）年、「文学座アトリエ」で初演されたつかこうへいの戯曲。つかは、翌年、この作品で第18回「新劇」岸田戯曲賞を受賞。初演の後は「つかこうへい事務所」のヒット作となり、大幅に改訂したさまざまなバージョンが上演された。

つかこうへい…１９４８（昭和23）年生まれの劇作家、演出家。大学在学中から注目を集め、70年代から80年代にかけ、「つかブーム」と呼ばれる新風を演劇界に与えた。１９７４（昭和49）年に創設した「つかこうへい事務所」では、三浦洋一、平田満、風間杜夫らの個性的な俳優たちが活躍した。その後、戯曲「蒲田行進曲」を自ら小説化して直木賞を受賞するなど、活動の幅を広げた。２０１０（平成22）年、62歳で死去。

「火のようにさみしい姉がいて」…１９７８（昭和53）年12月、「木冬社」が秋浜悟史演出により紀伊國屋ホールで初演した清水邦夫の作品。２０１４（平成26）年には、蜷川幸

俳優として活躍する中村かんこ（本名・中村寛子《ひろこ》）である。

　中村は、陸別町出身で、足寄高校から北海道教育大学旭川分校（当時）に進むが、そこで所属したのが、塔崎が創設した劇団「葦」だった。当時「葦」には、その後「河」の中心俳優となる志田陽一（北門真吾）らがいて、中村は一緒に「葦」に入った友人とともに、すぐに「河」の稽古場に連れていかれる。実は、この時、「河」は初の清水邦夫作品、「鴉よ、おれたちは弾丸をこめる」の上演が決まったものの、出演者の確保に四苦八苦していたところだった。

　こうして中村は、「鴉よ…」で、老婆軍団の一人、「そうじ婆」を演ずるとともに、同じ舞台で披露された群読「長長秋夜《じゃんじゃんちゅうや》」（第10章で詳述）にも参加する。

　こうして「河」を通して演劇と関わるようになった中村は、大学を卒業後、養護教諭となり、赴任した後志の蘭越高校などで演劇部の顧問を務めた。

　このうち最も長く高校演劇を指導したのは、１９９６（平成８）年から定年の２０１３（平成25）年まで勤めた札幌の琴似工業高校定時制である。もともと生徒数自体少ない定時制高校で、演劇部を続けることは困難を極めたが、中村の地道な指導が実を結び、同高演劇部は、第64回（２０１４年度）の全道高等学校演劇発表大会で最優秀賞を受賞、全国大会でも優秀賞に輝く快挙を遂げる。この時の作品は、中村と同じ高校演劇の指導者でもある鷲頭環《わしずたまき》が同高演劇部員にあて書きした戯曲「北極星の見つけかた」だった。

　一方、中村は、こうした指導者としての活動とともに、自ら俳優としても舞台に上

雄演出による舞台が、「シアターコクーン」などで上演されている。

出口典雄…１９４０（昭和15）年生まれの演出家。１９７５（昭和50）年、シェイクスピア作品の完全上演を目指して、「シェイクスピア・シアター」を旗上げする。１９８１（昭和56）年、全37作品の上演を達成。一人の演出家によるシェイクスピア全作品の上演は、世界初だった。

「シェイクスピア・シアター」…１９７５（昭和50）年、演出家、出口典雄が創設した劇団。簡素な衣装や装置でのシェイクスピア劇の上演が特徴。

「札幌演劇祭」…札幌演鑑が主催して、１９８２（昭和57）年9月、「札幌駅裏8号倉庫」を会場に開かれた。ゲスト参加の「河」のほか、「道演集札幌ブロック」が「流氷の海に女工節が聴える」、「53荘」が「真昼の決闘」、「極」が「眼球チップス」、「めるへんぐるーぷ」が「ネコのいる交番」を上演した。

「まぼろしよ、まぼろしたちよ―青い鳥幻想」…１９８２（昭和57）年に塔崎健二が書いた戯曲。作者の実

がり、1986（昭和61）年には、札幌演鑑が設立15周年記念企画として上演した舞台「**エンジェルズ・フォール**」に、1995（平成7）年には、北海道演劇財団設立期成会が企画した舞台「**若草物語**」に出演している。

さらに1998（平成10）年には、自前の劇団「かんこの芝居小屋」を結成、東京から交流のあった俳優、**常田富士男**《ときたふじお》を招いて自作の戯曲「モリリンの春」を上演したほか、札幌市内のさまざまな劇団やプロデュース公演の舞台にも上がっている。

また来年2月には、今年から北海道演劇財団の常務理事に就任した釧路市出身の**斎**《さい》

札幌演鑑プロデュース公演「エンジェルズ・フォール」
（中央が中村かんこ・1986年）

かんこの芝居小屋公演「モリリンの春」
（左から常田富士男、一人置いて中村かんこ・1998年）

体験を投影した家族の物語。

「エンジェルズ・フォール」…1986（昭和61）年、札幌演鑑が行った演劇鑑賞団体としては全国で初めてのプロデュース公演で上演された作品。キャスト・スタッフのすべてが一般公募によるオーディションで選ばれた。本邦初演だったアメリカの劇作家、ランフォード・ウィルソンの作品を、シェークスピアの翻訳で知られる小田島雄志が日本語脚本として書きおろした。釧路市阿寒町出身の小林裕が演出して、札幌と東京で上演された。

「若草物語」…北海道演劇財団設立期成会が企画して、1995年に上演された舞台。オルコットの世界的名作「若草物語」の原作を、北見の作家、菅原政雄が明治時代の札幌を舞台にした内容に翻案した。

常田富士男…1937（昭和12）年、長野県生まれの俳優。舞台のほか、映画、テレビで活躍。「まんが日本昔ばなし」の声優などでも知られる。

斎藤歩…1964（昭和39）年、釧路市生まれ。北海道を中心に、俳優、演出家、劇作家として活躍する一方、

藤歩《とうあゆむ》が脚色・演出する劇団「**札幌座**」の公演「北緯43°のワーニャ」（**アントン・チェーホフ**作）への出演も決まっている。

若き日に関わった劇団「河」について、中村は、「社会や時代にこびることなく舞台創りに打ち込んでいた当時の『河』の姿には、『お前は、どう生きるのだ』と鋭く問われているような思いがした」と話している。

もう一人の「河」の舞台の経験者は、2010（平成22）年に62歳で亡くなった佐《さ》藤鍵《とうけん》（本名・佐藤健次《さとうけんじ》）である。

佐藤は、旭川市の出身で、高校卒業後、就職した会社のあった岩手県盛岡市の地元劇団に参加したことがきっかけで芝居創りにのめり込んだ。上京して劇作家、**秋浜悟《あきはまさと》史《し》**が主宰する「**劇団三十人会**」に所属、さらに「文学座」を脱退した中堅・若手俳優で作る「**雲**」の研究生になったが、「雲」が解散したことをきっかけに旭川に戻った。

「河」とのつながりは、東京時代、帰省中に「河」の舞台を観たことから始まり、旭川に戻ることを知った星野が佐藤を誘ったことから入団が決まった。

「河」での初舞台は、1975（昭和50）年3月の「**五寸釘寅吉遊行伝《ごすんくぎとらきちゆうこうでん》の内《うち》　仙童《せんどう》寅吉《とらきち》伝説はまなす縁起**」で、芸名は、華乱々《はならんらん》だった。佐藤は、その後も唐作の「海の牙―黒髪海峡篇」の名和四郎《なわしろう》役など多くの舞台に出演し、1981（昭和56）年の「**五寸釘寅吉遊行伝の内　非人寅吉伝説股旅仁義**」では、演出も担っている。

「河」の活動が停止した後は、地元の様々な劇団やプロデュース公演にかかわると

東京でも舞台、映画、テレビと幅広く活動している。1996（平成8）年の北海道演劇財団の設立に伴い、付属劇団である「TPS」の契約アーティストとなる。2000（平成12）年に演出した「逃げてゆくもの」は、文化庁芸術祭優秀賞を受賞した。2016（平成28）年4月、本拠地を札幌に移し、北海道演劇財団の常務理事・芸術監督に就任した。

「札幌座」…1996（平成8）年に、北海道演劇財団の付属創造集団として発足し、その後劇団化した「TPS（シアター・プロジェクト・さっぽろ）」が、2012（平成24）年に機構改革して誕生した。札幌でプロフェッショナルな演劇活動を目指す演劇人がともに活動する場を目指している。

アントン・チェーホフ…1860年生まれのロシアの小説家、劇作家。「かもめ」、「三人姉妹」、「桜の園」など、窮地に陥った人間の微妙な心理を描写した戯曲が代表作。

秋浜悟史…1934（昭和9）年、岩手県生まれの劇作家・演出家。早稲田大学および岩波映画製作所では清水邦夫の先輩に当たり、長く親交

舞台での佐藤鍵（右端・1998年）

ともに、1995（平成7）年には、「河」の公演にスタッフとして参加していた豊島勉《とよしまつとむ》や、現在、劇団「札幌座」のプロデューサーを務める木村典子《きむらのりこ》らと**「旭川ステージワーク」**を結成。旧鉄工場を改装した小劇場**「シアターコア」**などを拠点に独自の舞台創りを行った。

　また旭川の隣町、鷹栖町《たかすちょう》にある「たかすメロディーホール」が行っていた演劇イベント**「熱闘3分間劇場」**では、2000（平成12）年から10年間に渡ってプロデューサーを務め、道北地方の舞台芸術の振興に貢献した。

　なお佐藤は、晩年、直腸癌の手術で人工肛門を装着したため、動きのある演技を行うことが難しくなった。しかし舞台創りへの情熱は衰えることがなく、闘病中も朗読劇を精力的に披露するなど活動を続けたという。こうした執念も、劇団「河」育ちの演劇人ならではである。

を深めた。1969（昭和44）年には、第14回の「新劇」岸田戯曲賞を受賞。1994（平成6）年には、「兵庫県立ピッコロ劇団」の初代代表となる。2005（平成17）年、71歳で死去。

「劇団三十人会」…1961（昭和36）年、早稲田大学の学生劇団「自由舞台」の出身者を中心に、劇作家の秋浜悟史、ふじたあさやらが旗揚げした劇団。

「雲」…1963（昭和38）年、「文学座」を脱退した芥川比呂志、高橋昌也、岸田今日子ら中堅・若手の俳優らが結成した劇団。旗揚げは、福田恆存の演出によるシェークスピアの「夏の夜の夢」。その後、劇団の中心だった福田と、芥川らの対立が深まり、1975（昭和50）年に解散した。

「五寸釘寅吉遊行伝の内　仙童寅吉伝説はまなす縁起」…1975（昭和50）年3月に旭川市民文化会館小ホールで上演された劇団「河」のオリジナル作品。作者は旭川在住の北けんじ。

「五寸釘寅吉遊行伝の内　非人寅吉

伝説股旅仁義」…1975（昭和50）年上演の劇団「河」のオリジナル作品「五寸釘寅吉遊行伝の内　仙童寅吉伝説はまなす縁起」の続編（作者は北けんじ）。1981（昭和56）年12月から翌年1月にかけて「河原館」で上演された。

「旭川ステージワーク」…1995（平成7）年に発足。佐藤鍵、豊島勉、木村典子、松浦みゆき、伊藤裕幸らが参加した。翌年、別役実作「カラカラ天気と五人の紳士」を上演した。

「シアターコア」…佐藤鍵、伊藤裕幸らが旧鉄工場を改装して作った小劇場。旭川市7条通19丁目に2001（平成13）年にオープンし、2011（平成23）年まで使われた。

「熱闘3分間劇場」…鷹栖町の公共ホール「たかすメロディーホール」を舞台にして行われていた演劇イベント。その後、「たかす3分間劇場」と名称を変更し、演劇以外のパフォーマンスも含めた形に移行したが、平成26年度の開催をもって終了した。

【第8章】

文化拠点としての「河原館」

【「河原館」からの文化発信】

1974（昭和49）年6月にオープンした「河原館」は、劇団「河」の拠点として公演の舞台となったほか、さまざまなイベントが行われた。当時劇団が発行していた情報誌「**河原版**」の1975年12月1日号には、「河原館」のオープンから75年11月にかけて、ほぼ毎週末に行われたイベントや「河」の公演（出張公演も含む）などが一覧表にされている。

一部を抜粋して紹介しよう。

＜74年＞

6月1日(土)・2日(日)・15日(土)・16日(日)・22日(土)・23日(日)・29日(土)・

「河原版」…劇団「河」が手作りした機関誌。「河原館」の開設のころから作られた。上演作品の内容について書かれた号は、来場者用のパンフレットとして配られた。

30日(日)

(河原館こけらおとし公演─劇団河)

清水邦夫作「ぼくらが非情の大河をくだる時」

7月13日(土)

(悪場所の源所を探るシリーズ①)

小沢昭一構成レコード「日本の放浪芸」

9月5日(土)

(講演シリーズ①)

北けんじ「五寸釘寅吉外伝」

10月5日(土)

(講演シリーズ②)

高野斗志美「情況論」

10月12日(土)

(大島渚作品連続上映)

I「**青春残酷物語**」

10月12日(土)

II「**愛と希望の街**」

10月26日(土)

II「**日本の夜と霧**」

小沢昭一…1929(昭和4)年、東京生まれ。「俳優座」などを経て、1960(昭和35)年に演出家の早野寿郎と「俳優小劇場」を結成。解散後は、テレビ、ラジオ、映画などで幅広く活動する。日本の伝統芸能の研究にも力を注ぎ、多数の著書を残したことでも知られる。

「青春残酷物語」…1960(昭和35)年に公開され、ヒットした大島渚の2作目の監督作品。桑野みゆきと川津祐介が、破滅に向かう若い恋人を演じた。

「愛と希望の街」…1959(昭和34)年公開の大島渚の監督デビュー作品。大島が書いたシナリオ「鳩を売る少年」を、自身が映像化した。売った先から戻ってくる鳩を繰り返し売るという詐欺行為を続ける貧しい少年が主人公。

「日本の夜と霧」…1960(昭和35)年公開の大島渚の問題作。安保闘争を前面に出した内容だったため、封切直後に浅沼稲次郎社会党委員長刺殺事件が起きたタイミングで松竹が公開を打ち切った。大島は、無断での打ち切りに抗議して退社した。

10月27日(日)・11月2日(土)
(テープコンサート)
「一九七三年**浅川マキ**旭川コンサート」

芝居に映画の上映会、レコード（テープ）コンサートなど目白押しである。さらに落語会やバンドのライブ、舞踏の公演なども行われた。

この一覧に載っている1年5か月間の催しを集計すると、演劇の公演（「河」以外の劇団を含め）が36回、映画の上映が27回、レコードやテープを含むコンサートが12回、講演会が10回、落語会などその他のイベントが12回に及ぶ。平均すると、月5・4回のイベント数。「河原館」は、「河」の拠点であるだけでなく、旭川における文化発信の拠点でもあった。

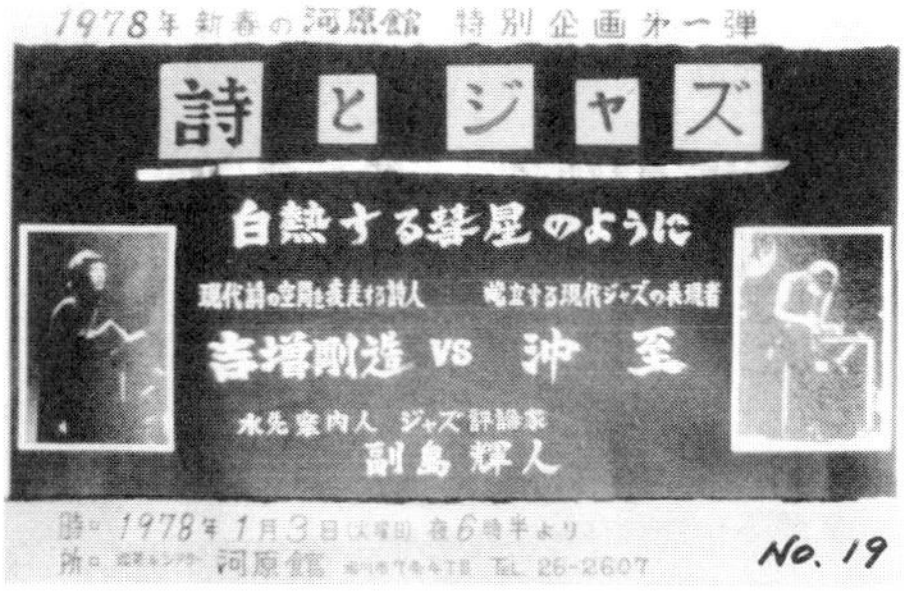

吉増剛造イベントチケット（1978年）

「河」に役者として参加しつつ、演劇以外の活動にも中心的に取り組んだ細川泰稔は、こうした「劇場」以外の「河原館」の情報発信について、「当時、劇団には、芝居を追求しようというメンバーだけでなく、自分もふくまれるが、演劇以外のさまざまな活動をしてきたなかで「河」との接点が生まれ、その流れでメンバーに加わった者もいた。その結果、「河」には、

浅川マキ…１９４２（昭和17）年、石川県生まれの歌手。寺山修司に見出され、１９６８（昭和43）年、新宿のアンダーグラウンド蠍座でワンマン公演を行い、注目を集める。翌年、「夜が明けたら／かもめ」でレコード・デビュー。ブルースやジャズ、フォークソングなどジャンルを超えた独自の世界を表現した。２０１０（平成22）年、67歳で死去。

演劇以外にも、文学や評論、映画、美術といった幅広い活動を展開する下地ができた。劇団が「河原館」を設けたのは、自前の劇場の確保だけではなく、そうした多様なジャンルの文化活動の発信拠点にもしたい、という意識が当初からあった」と述べている。

【「もうひとつの学校」】

こうした「河原館」からの文化発信は、地元の若者にとって、思いがけず、そして大きな〝恩恵〟だった。

福島泰樹と友川かずきによるイベント

当時は、インターネットはおろか、ビデオでさえ一般には普及していない時期だった。このため地方の若者が、東京を中心に日々発信される新しい文化に触れる機会は少なかった。

典型的な例が映画だった。当時、旭川にはたくさんの映画館があったが、ほとんどが封切り映画の上映が専門だった。東京などにあった過去の名作や新興のプロダクションなどが作る映画を上映する「名画座」はなかった。

筆者は、１９７６（昭和51）年に上京したが、旭川時代、見たくてたまらなかった大島渚や吉田喜重《よしだよししげ》、

吉田喜重…１９３３（昭和8）年生まれ。１９５５（昭和30）年、松竹に入社。大島渚、篠田正浩らと松竹ヌーベルバーグの旗手として活躍する。代表作に「エロス＋虐殺」、「戒厳令」、「嵐が丘」など。

篠田正浩…１９３１（昭和6）年生まれの元映画監督。代表作に、「心中天網島」「卑弥呼」「瀬戸内少年野球団」など。２００３（平成15）年の「スパイ・ゾルゲ」で映画監督としての引退を表明した。

ＡＴＧ（日本アート・シアター・ギルド）…非商業主義的な映画の上映を目的に、１９６１（昭和36）年に発足。その後、自主映画の制作にも乗り出し、大手映画会社から独立した若手映画監督らの作品を数多く世に出した。

フランソワ・トリュフォー…１９３２（昭和7）年生まれのフランスの映画監督。１９５９（昭和34）年公開の「大人は判ってくれない」では、手持ちカメラや即興演出など画期的な映画技法を確立し、カンヌ国際映画祭監督賞を受賞した。

篠《しの》田《だ》正浩《まさひろ》といった「**ＡＴＧ（日本アート・シアター・ギルド）**」の作品や、**フランソワ・トリュフォー**、**ジャン＝リュック・ゴダール**らフランスの**ヌーベルバーグ**の名作が、東京中にあった「名画座」で、３本立て３００円の料金で見られることに狂喜したものだった。

「河原館」では、一覧表にあるように、そうした若者の支持を集めていた映画が数多く上映された。また舞踏家の**田中泯《たなかみん》**やフォークシンガーの**友川かずき**（現在はカズキ）、６章で紹介した詩人の吉増剛造など、それぞれの分野の第一線で活躍していた文化人も「河原館」を訪れた。

旭川市出身で、アニメ「**ＯＮＥ　ＰＩＥＣＥ**」シリーズなどで活躍する脚本家の**上《かみ》坂浩彦《さかひろひこ》**は、母校である旭川北高校の後輩に向けて、次のように書いている。

> 振り返れば私の高校時代は、将来の夢を育んだ時代でした。原点は、当時在旭の劇団「河」がホームグラウンド兼喫茶店として経営していた常磐公園入り口横の「河原館」とそこに集う仲間達。クラスも違う十人ほどの同級生と共に、時に取るに足らないバカ話しに花を咲かせ、時に劇団員のお姉さん達も交え、**つげ義春**に**鈴木翁二**、**別役実**に唐十郎、寺山修司、大島渚に**長谷川和彦**、**今村昌平**、**ボブディラン**にサザン、**ボブマリィ**（筆者注＝ボブ・マーリー）…ｅｔｃと、映画・演劇・漫画・音楽を見、聞き、話し、大いに刺激を受けたものです。私にとって、もうひとつの学校でした。

ジャン＝リュック・ゴダール…１９３０（昭和５）年生まれのフランスの映画監督。１９６０（昭和35）年に初の長編映画「勝手にしやがれ」を公開、ベルリン国際映画祭銀熊賞を受賞した。

ヌーベルバーグ…フランス語で「新しい波」の意味。１９５８（昭和33）年以降、フランス映画界に参入した新世代の監督とその作品を指す。既存の商業主義からの脱却を図った新しい表現活動は世界各国の若手映画人に大きな影響を与えた。

田中泯…１９４５（昭和20）年生まれのダンサー。昭和40年代末から独自の舞踏表現を求めて活動する。２００２（平成14）年、山田洋次監督の「たそがれ清兵衛」に出演し、日本アカデミー賞最優秀助演男優賞、新人賞を受賞。

友川かずき（友川カズキ）…１９５０（昭和25）年、秋田県生まれ。１９７５（昭和50）年、アルバム「やっと一枚目」でデビュー。その後は、演劇や絵画、映画音楽などの分野で幅広く活動する。

〈「旭川北高同窓会ニュース　North Wind 第20号」・2013年〉

【開かれた集団】

一方、「河原館」は、当時旭川で活動していたさまざまなグループの活動にも利用された。

一覧表のなかで、何度か映画の上映会を開いている「木冬舎《もくとうしゃ》」は、旭川の市役所職員を中心としたグループで、映画のほか、コンサートや講演会の企画・運営、8ミリ映画の自主制作などを行っていた。

ちなみに「木冬」とは、冬の直前の季節を表す造語で、清水邦夫は、妻の**松本典子**《まつもとのりこ》らと演劇集団「**木冬社**」を旗揚げした際、この言葉を使わせてもらったと書いている。

映画上映会のチラシ

このほか、「河原館」で開催されたイベントを見てゆくと、さまざまなジャンルで活動する地元の人々が招かれたり、利用したりしているケースも多い。

たとえば、1974年から75年にかけて不定期に開催された「講演シリーズ」の登壇者では、前述の高野斗志美や、現旭川大学学長の**山内亮史**《やまうちりょうじ》の名が見

ONE PIECE（アニメ）…尾田栄一郎作のヒット漫画「ONE PIECE（ワンピース）」を原作としたアニメ作品。「ONE PIECE」は、海賊になった少年が主人公の冒険活劇で、1997（平成9）年から連載が続いている。

上坂浩彦…旭川北高校出身の脚本家。「ONE PIECE（アニメ）」のテレビシリーズの構成・脚本、映画「ONE PIECE THE MOVIE エピソード・オブ・チョッパー＋冬に咲く、奇跡の桜」等の脚本を担当した。

つげ義春…1937（昭和12）年生まれの漫画家。貸本漫画の作者として10代でデビュー。その後、独自の世界観を持った作者を多く取り上げた漫画雑誌「ガロ」に作品が掲載されるようになり、抒情性の高い短編群や旅もので高い評価を受けた。

鈴木翁二…1949（昭和24）年生まれ。つげ義春と同様、水木しげるのアシスタントの経験があり、主に雑誌「ガロ」で活躍した。代表作に、映画化もされた「オートバイ少女」がある。

える。

また教育大学旭川校の劇団「葦」も、「河原館」を利用して公演を行っている。

さらに「河原館」には、客用の本棚もあり、道内のさまざまな**ミニコミ誌**が閲覧できたほか、戯曲集や雑誌などを買うことも出来た。

「河原館」の本棚

このように「河」は、地元内外を問わず、さまざまなジャンルで活動する人やグループを招いて交わったが、特徴的なのは、彼らがそうした交わりを自らの糧にしようとしていたことであり、またそうした交流を常にオープンにして、周辺の誰もが参加できる形にしていたことである。

筆者のような当時10代だった人間にとっては、「河」のそうした姿勢はきわめて刺激的であり、見習うべきものであると感じた。

では、なぜ「河」がそうした開かれた集団でありえたか、それには、〝出会いの場〟としての演劇の持つ力に、メンバーたちが忠実であったことが影響していると考える。

つまり、演劇はまず基本的に集団で行う芸術であり、俳優が生身の身体を使って繰り広げる演技を中心に、文学（＝戯曲）や美術（＝装置、照明など）、音楽などが合わさってできる総合芸術である。それゆえ同じ戯曲を使っても、俳優の組み合わせ、演出家などスタッフの組み合わせによって生み出される表現は大きく違ってくる。

いわば〝出会いの質〟が舞台の質を決めるのであり、さらに言えば、キャストやス

別役実…1937（昭和12）年生まれの劇作家・演出家。1966（昭和41）年、鈴木忠志らと「早稲田小劇場」を旗上げするも、2年後には劇作家として独立。日本の不条理演劇の第一人者とされる。

長谷川和彦…1946（昭和21）年生まれの映画監督。1976（昭和51）年、「青春の殺人者」でデビュー。この年のキネマ旬報ベスト・ワンに選ばれる。1979（昭和54）年には、歌手の沢田研二を主役にした「太陽を盗んだ男」を監督するが、以降の映画制作はない。

今村昌平…1926（大正15）年生まれ。大学卒業後、松竹に入社。のち日活に移籍し、1965（昭和40）年、独立した。1983（昭和58）年の「楢山節考」と、1997（平成9）年の「うなぎ」で、2度、カンヌ国際映画祭最高賞に輝いた巨匠。

「河原館」（1985年）

タッフがどんな人や出来事と〝出会ったか〟によっても舞台は変わる。またどのような観客＝批評する人、に観られるかによっても違いが生まれる。

「河」は多くの人と出会いの場を共にした劇団だったが、そうすることで周囲とともに前進しようとしていたのであり、そうした意味でも、「演劇」の本質に見事なまでに真摯に近づこうとした劇団だったと言える。

面白いのは、こうした開かれた集団としてのいわば〝癖〟が、今でも元メンバーの中に残っていることである。

「河」の元メンバーは、今でも年1回、夏に旭川で集まって酒宴を開く。「おばちゃん」こと星野を囲んだにぎやかな宴だが、ここには年によって元メンバーだけではなく、当時周辺にいた人、元メンバーの知り合いなども参加する（筆者も2度参加した）。あまり面識のない人がその場にいると、違和感を覚えそうなものだが、メンバーは気にするそぶりさえない。さすがはと感心したものである。

当時の「河」の体質について、細川は、『河』は、劇団の『外』とのつながりを大切にしつつ、自分たちの『内』としっかりと向き合いながら、妥協せず舞台創りを行っていた集団だった。『外』に意識が行き過ぎては良い舞台は創れないし、『内』に向き

ボブ・ディラン…１９４１（昭和16）年生まれのアメリカのミュージシャン。１９６５（昭和40）年リリースの「ライク・ア・ローリング・ストーン」は、音楽誌「ローリング・ストーン」が選んだ「オールタイム・グレイテスト・ソング５００」の第1位となった。２０１６年には、ノーベル文学賞の受賞が決まった。

ボブ・マーリー…ジャマイカ生まれで、レゲエの神様と称されるミュージシャン。１９７２（昭和47）年、イギリスのレコード会社と契約してメジャーデビュー。代表曲の「アイ・ショット・ザ・シェリフ」は全米ヒットチャートで1位となった。

松本典子…１９３５（昭和10）年生まれの女優。「俳優座養成所」を経て劇団「民藝」に入団する。「木冬社」では、「楽屋」、「火のようにさみしい姉がいて」などに出演した。２０１４（平成26）年3月、78歳で死去。

「木冬社」…１９７６（昭和51）年に、清水邦夫、松本典子を中心に結成された演劇集団。

すぎてはいずれ停滞してしまう。そのバランスがとてもよく取れていたのが当時の『河』だったように思う」と語っている。

山内亮史…1941（昭和16）年、札幌市生まれ。1970（昭和45）年から、旭川大学に勤め、アカデミズムの立場から旭川の街づくりについて積極的に発言する。2003（平成15）年に学長に就任。翌年からは理事長も務める。専門は教育学。

ミニコミ誌…1960年代から70年代にかけて盛んに使われた同人誌など自主制作の雑誌等の印刷物を指す言葉。ミニコミとは、マスコミに対するミニ・コミュニケーションの略。

【第9章】

在京演劇人との交流

【「黒テント」の人びと】

周辺の人びとも巻き込みながら、さまざまな出会いを舞台創造の糧としていった劇団「河」。第4章では、清水邦夫との、第5章では唐十郎との関わりについて触れたが、当時、「河」との交流を深めた在京の演劇人はこの2人だけではなかった。

まずは、前述した津野海太郎ら「演劇センター68／71」（現「劇団黒テント」）の関係者である。

「演劇センター68／71」は、1966（昭和41）年に佐藤信、**串田和美**《くしだかずよし》、**吉田日出子**《よしだひでこ》、**清水紘治**《しみずこうじ》、**斎藤憐**《さいとうれん》、**新井純**《あらいじゅん》ら「俳優座養成所」出身の若手演劇人で結成された「自由劇場」と、同年、「東大劇研」出身の**山元清多**《やまもときよかず》、「早大独立劇場」出身の津野、「文学座」出身の**岸田森**《きしだしん》、**悠木千帆**《ゆうきちほ》（現在は樹木希林《ききききりん》）らが結成した「六月劇場」が

串田和美…1942（昭和17）年生まれの俳優、演出家。「自由劇場」、「演劇センター68／71」の結成に参加するも脱退し、六本木の「アンダーグラウンド自由劇場」を拠点に活動した。1975（昭和50）年からは「オンシアター自由劇場」の名で公演を行うようになり人気を得る。「シアターコクーン」の初代芸術監督などを経て、現在はフリーの演出家、俳優として活動。

母体となり、1968年に結成された集団である（串田、吉田、岸田、悠木らはのちに離脱）。1970（昭和45）年から黒色テントによる移動公演をはじめ、「黒テント」の通称で呼ばれた。

この劇団は、劇団内に、複数の劇作家、演出家がいたのが特徴である。このうち佐藤の作・演出による**「阿部定の犬」**、**「キネマと怪人」**、**「ブランキ殺し上海の春」**の「喜劇昭和の世界三部作」は、いずれも頻繁に改訂を加えながら73年から79年にかけて上演され、初期の劇団の代表作となった。

大阪や広島、九州と比較的西日本での巡業公演が多かった唐十郎の「紅テント」に対し、「黒テント」は全国をくまなく回り、旭川でも1975（昭和50）年7月から82年9月にかけ、9回公演を行っている（83年以降は不明）。

こうしたテント芝居の地方公演では、多くの場合、地元のアマチュア劇団が受け入れ組織となる。そうした組織は、公共機関との折衝や公演のPR、チケットの販売等さまざまなことを行うが、旭川の場合は「河」が「黒テント」の受け入れに当たった。

そうした様子を、中心俳優だった**斎藤晴彦**《さいとうはるひこ》がこう書いている。

私たち劇団黒テント（当時は、黒色テント・68／71、と名のっておりました）が、はじめて北海道公演をしましたのが一九七五年の夏のことでした。演目は佐藤信の作・演出による「阿部定の犬」でした。なかなかの好評でして、我々も少しばかりいい気になって各地で公演してまいりました。と、言っても、我々の自

吉田日出子…1944（昭和19）年生まれの女優。「俳優座養成所」、「文学座」を経て、「自由劇場」の結成に参加。その後、「演劇センター68／71」に参加するも脱退。1975（昭和50）年から串田和美の「オンシアター自由劇場」に参加し、代表作「上海バンスキング」などに主演した。2014（平成26）年、著書の中で、脳の病気により記憶障害になっていることを告白した。

清水紘治…1944（昭和19）年生まれの俳優。「俳優座養成所」を経て、佐藤信らと「自由劇場」を結成。1968（昭和43）年には「演劇センター68／71」の結成に参加した。女優の大谷直子は元妻。

斎藤憐…1940（昭和15）年生まれの劇作家、演出家。「俳優座養成所」を経て、「自由劇場」の結成に参加。その後「演劇センター68／71」を経てフリーとなる。1980（昭和55）年、「上海バンスキング」で、第24回岸田國士戯曲賞を受賞。

新井純…1945（昭和20）年生まれの俳優。「俳優座養成所」、「自由劇場」などを経て、「演劇センター68／71」の結成に参加、中心俳優と

力で公演ができるわけのものでもなく、その土地々々の方々の御協力があって、はじめて公演が成立するわけでありますし、おまけに、飯は食わせてもらう、泊めてもらう、酒は飲ませてもらう、つまり、オンブにダッコ公演をつづけてまいっただけのことでございます。

〈「内藤さんの思い出」・「塔崎健二を悼む　時間の焔―無神の空」収録・1997年〉

自嘲気味に語っているが、斎藤の言葉通り、「河」のメンバーは、「黒テント」の劇団員に差し入れを行い、手分けして自宅に泊めた。斎藤の回想はこう続く。

公演後の打ち上げで（右から2人目に清水紘治）

河原館でコーヒーを飲みながら星野さんはじめ多くの劇団「河」のみなさんと芝居のことについて話したり、テントで終演後に劇団「河」の差し入れを食べたりしている時、内藤さん（筆者注＝塔崎のこと）は、いないのです。星野さんにうかがうと、「そのうち来るわよ」と笑っていました。そうなんです。本当にそのうち来たのです。そうして、我々を、彼の運転するクルマで泊めていただく星野さんちまで送ってくれるのでした。で、酒盛りです。

して活躍した。1995（平成7）年にフリーとなる。

山元清多…1939（昭和14）年生まれ。「六月劇場」を経て、「演劇センター68／71」の結成に参加。座付き作者として活躍する。1983（昭和58）年、「比置野ジャンバラヤ」で、岸田國士戯曲賞を受賞。

岸田森…1939（昭和14）年生まれの俳優。「文学座」、「六月劇場」を経てフリー。「文学座付属演劇研究所」時代に、同期の悠木千帆（現在の樹木希林）と結婚（のち離婚）。特撮物のテレビドラマの出演が多かった。

悠木千帆（樹木希林）…1943（昭和18）年生まれの俳優。「文学座」、「六月劇場」を経てフリー。岸田森と離婚した後、ロックシンガーの内田裕也と結婚。個性派女優として、多くのテレビドラマ、映画に出演している。

「阿部定の犬」…佐藤信による「喜劇昭和の世界三部作」の第1作。1973（昭和48）年8月に「喜劇阿部定」の名前で「紀伊國屋ホール」で初演されたあと改訂された。「阿

手記にあるように、斎藤は旭川に来ると、いつも星野の自宅に泊まった。当時、この家には星野の母が同居していた。斎藤は星野の母のお気に入りで、彼女の作った朝ごはんを食べながら、2人でなにやらよく話していたという。また同じ俳優の清水紘治も星野宅によく泊まった。

【津野と清水】

一方、「河」との出会いによって、ある演劇人との関係に変化が生まれたことを〝告白〟したのは津野である。

わたしがはじめて河原館に行ったとき、すでになんどか、そこに清水邦夫が滞在して、自分の芝居を演出していったと聞いて、正直なところ、いささか気落ちした。あけすけにいってしまえば、わたしたちのテントにとって、旭川はこれまでのうちでもっとも北の土地になるはずであり、その記念すべき土地が、まあライバルといっていえなくもないような、あの清水邦夫と深い縁でつながれていようとは、夢にも考えていなかったからだ。

おなじ時期に、それもごく近いあたりで芝居をやってきたのに、わたしは清水

部定の犬」としての初演は、1975（昭和50）年1月の名古屋公演。

「キネマと怪人」…佐藤信の「喜劇昭和の世界三部作」の第2作。1972（昭和47）年10月に「二月とキネマ」の名前で初演されたあと改訂された。「キネマと怪人」としての初演は、1976（昭和51）年5月。

「ブランキ殺し上海の春」…佐藤信の「喜劇昭和の世界三部作」の最終作。1976（昭和51）年11月に、「ブランキ殺し上海の春」（ブランキ版）として初演された。その後改訂され、1979（昭和54）年5月に、「ブランキ殺し上海の春」（上海版）が上演された。

斎藤晴彦…1940（昭和15）年生まれの俳優。劇団「青俳」などを経て、「演劇センター68／71」の結成に参加した。「キネマと怪人」で披露した「歌うチゴイネルワイゼン」は、テレビのCMでも使われて話題を呼んだ。2014（平成26）年、73歳で死去。

邦夫とは、それまでのあいだ、あまりうまい出会いかたをしていなかったように思う。清水氏の側から見ても同様であろう。

はじめはたしかに気落ちしたが、つぎには、わたしは清水邦夫とのあいだに、あるつながりが生じてくるのを感じた。かれの作品の、なんとなく遠かったところが、かならずしもそうではなくなってきた。北海道から帰って、はじめて清水氏と長い話をしたりもした。いってみれば、旭川の「河」という集団を仲立ちとすることで、清水氏とわたしとの固着した関係が、徐々に運動化されたのである。あるいは運動化されつつあるのである。すなわち、そうしたすべてをひっくるめて、遠いところが近い―と、そういうほかないような事態が生じたのだ。

〈「劇団『河』、そして『河原館』とのであい」・「ステージガイド札幌」1976年5月号〉

男女間の嫉妬心を連想するような不思議な回想だが、「清水邦夫とは、それまでのあいだ、あまりうまい出会いかたをしていなかったように思う」と、津野が書くのにはわけがある。

一つは蜷川幸雄との関係である。蜷川は清水とコンビを組み、新宿を舞台に〝青春劇〟〝闘争劇〟を連続して上演する以前、俳優として劇団「青俳」に所属していた。この時代、蜷川は津野と知り合い、演劇の研究会を作っている。研究会には、俳優の**村松克己**《むらまつかつみ》や岸田森、のちに岸田と結婚する悠木千帆らが参加し、のちに「六月劇場」を結成する。ところが、蜷川はけんか別れをするような形で一人だけ参加しなかった。

村松克己…1939（昭和14）年生まれの俳優。「六月劇場」を経て、「演劇センター68／71」の結成に参加、中心メンバーとして活動する。他に映画、テレビに出演多数。

これについて蜷川は、扇田昭彦との対談のなかで、「津野らは、演劇をやるのに、組織図を書くことから始めた。かれらはいずれ演劇から去ると感じた」「六月劇場が**『魂へキックオフ』**（**長田《おさだ》弘《ひろし》**作）という作品をやったり、**アーノルド・ウェスカー**（筆者注＝イギリスの反体制劇作家）をやったりしても『ケッ』と思っていた」と発言している。

また「黒テント」と蜷川・清水の「現代人劇場」、「櫻社」は、ともに「革命」や「政治闘争」に関わるテーマの作品が多かった劇団だが、その姿勢や体質には大きな違いがあった。「黒テント」が「運動としての演劇」をテーマに掲げ、出版や教育の分野までを含む広範な活動計画を立てるなど、理論構築が特徴だったのに対し、「現代人劇場」、「櫻社」は第4章で触れたように闘争の現場により近かった。

ともあれそうした違いをも、「出会い」の中で意味のないものにしてしまう〝パワー〟が、「河」や「河原館」にあったのだとしたら、これほど痛快なことはない。

【「ふらぬい山房」とシンポジウム】

こうした在京の演劇人との交流は、「河」の活動に大きな刺激を与えた。1980（昭和55）年8月には、多くの演劇人の協力で、演劇シンポジウムを開いている。

このシンポジウムは、当時劇団が富良野市に構えた**「ふらぬい山房」**の完成に合わ

「魂へキックオフ」…1966（昭和41）年に結成された「六月劇場」の旗揚げ公演で、津野海太郎の演出により、紀伊國屋ホールで初演された長田弘の戯曲。

長田弘…1939（昭和14）年、福島県生まれの詩人、劇作家、児童文学者。1965（昭和40）年に、詩集「われら新鮮な旅人」でデビュー。2015（平成27）年、75歳で死去。

アーノルド・ウェスカー…1932（昭和7）年生まれのイギリスの劇作家。1959（昭和34）年にロンドンで初演された「調理場」は、世界各国で上演され、イギリス現代演劇を代表する名作となった。他に「大麦入りのチキンスープ」などの代表作がある。

せ、「河」が主催した。「ふらぬい山房」は、富良野市郊外に建設された劇団の合宿所兼稽古場である。

…そこで合宿しながらけいこをしたり、演じる側と見る側が泊まりがけで交流する場をもちたいと、旭川から車で一時間余りの富良野市下御料の通称「文化村」に、今年四月から山小屋を建設していた。富良野市のいわれとなったアイヌ語フラヌイ（火炎の土地）にちなんで名づけられたこの山小屋は木造二階建てで、一階は二十畳の食堂兼居間と三十畳余のスタジオ、二階は十畳と六畳の居間、それ

「ふらぬい山房」でのシンポジウム
右から塔崎健二、倉本聰、清水邦夫（1980年）

「ふらぬい山房」を訪れた清水紘治と吉行和子

「ふらぬい山房」…富良野市下御料にある富良野文化村に、１９８０（昭和55）年に建設された劇団「河」の稽古場兼合宿所。開設を記念し、多数の演劇人を招いた演劇シンポジウムが開かれた。

に音響、照明設備のためのスペースを取ってある。総工費二千百万円は借金でまかなった。

〈北海道新聞・1980年7月13日付〉

シンポジウムには、清水邦夫・松本典子夫妻をはじめ、倉本聰、吉行和子、ともに演出家の**藤原新平**《ふじわらしんぺい》や**大間知靖子**《おまちやすこ》らが参加した。「黒テント」関係者では、清水紘治と、同じく俳優の溝口舜亮《みぞぐちしゅんすけ》が参加した。

倉本は、60年代、自身が翻案した児童劇を「河」が上演したころからの付き合いだった。シンポジウムが行われた「ふらぬい山房」は、当時すでに富良野に拠点を移していた倉本の勧めがきっかけとなり、建設された。

この日の様子を、星野が新聞に寄稿している。

列車で、車で、或いは自転車でと各地から、さまざまな仕事を持つ五十余名の人々が集まる頃には、講師の倉本聰、清水邦夫、藤原新平氏をはじめ（中略）多彩な顔ぶれもそろい、四十畳たらずのスタジオも座る場所がないくらい。テーマは〈演劇の青春〉についてとあったが、時間がたらず、青春までいかないうちに食事になり、各人それぞれ勝手に交流がなされた。もともとあまりテーマを大上段にふりかざすつもりはなく、演劇にしぼらず各分野の創造になんらかの興味を持つ人々のお祭りのつもりで計画したので、かえって夜を徹しての交流会の方に

藤原新平…1928（昭和3）年、東京生まれ。「文学座」所属の演出家。「文学座」で上演された別役実作品のほとんどで演出を担当。他にも永井愛、岩松了などの作品を演出する。1997（平成9）年の「雨が空から降れば」（別役実作）では、文化庁芸術祭賞優秀賞を受賞した。

大間知靖子…1942（昭和17）年生まれの演出家、翻訳家。「劇団・浪曼劇場」、「演劇集団・円」などで活動。演出を担当し、渋谷の小劇場「ジァン・ジァン」で上演されたルーマニア出身の劇作家、イヨネスコ作の「授業」は、15年に渡るロングランを達成した（主演は中村伸郎）。

熱っぽさが加わり、殆どの参加者が眠らず夜通し話し合って明け方それぞれの職場に帰っていったようである。（中略）
　六年前開館した「河原館」の公演などで道内各地から、さまざまな人々が芝居をみるために集まってくる。本当はそのあと作品について、またはそれらを媒介に、いろいろな問題についてつっこんだ話し合いがもたれる筈なのだが、時間的、経済的な制約のため、なかなか徹底した密度の濃い内容のものにはなり得ない。そんなとき宿の心配もなく、夜の明けるまで語り合える。そんな空間があればといつも思ってきた。そしてたまたまチャンスがあって富良野市の北の峯のふもとに七百坪の土地を手に入れることが出来たわけである。

〈「『ふらぬい山房』招客記」・北海道新聞・1980年9月6日付〉

「ふらぬい山房」

　なお参加者のうち、吉行、藤原、大間知は、いずれも清水や松本との交流の中から「河」とのつながりが生まれた演劇人である。
　このうち吉行と大間知は、1983（昭和58）年8月、「河」のプロデュースのもと、旭川市民文化会館小ホールと「河原館」で**「吉行和子一人舞台　小間使の日記」**

「吉行和子一人舞台　小間使の日記」…フランスの小説家、劇作家のオクターブ・ミルボーの小説を、大間知靖子らが翻案し、大間知が演出した一人舞台。1983（昭和58）年4月に東京で初演されたあと、旭川でも上演された。

（**オクターヴ・ミルボー**原作、ジャック・デストゥーフ、大間知靖子翻案、演出）を上演している。

こうした在京の様々な演劇人との交流からも、「河」は成長の糧となる〝養分〟を得ていった。その成果の一つが、オリジナル脚本を使った劇団独自の舞台作品の創造である。

オクターヴ・ミルボー…１８５０年生まれのフランスの小説家、劇作家。１９００年に発表した代表作「小間使の日記」は、ルイス・ブニュエルによって映画化された。

【第10章】

オリジナル作品の追求

【「詩と劇に架橋する13章」】

「河原館」という拠点を持った「河」が、清水邦夫作品や唐十郎作品の上演と並行して取り組んでいたのが、オリジナル脚本を使った劇団独自の舞台作品の創造だった。その初期の成果として上げられるのが、１９７４（昭和49）年から78年にかけて、複数のバージョンの舞台が演じられた**「詩と劇に架橋する13章」**である。

「詩と劇に架橋する13章」は、日本の近現代の詩人の作品を素材に、さまざまな場面と登場人物を独自に設定し、俳優がそれぞれの詩を台詞として語る作品である。旭川在住の詩人、松島東洋《まつしまとうよう》の協力を得て塔崎健二が脚色・演出を行った。

劇団の記録によれば、作品は改訂によってパート1から7まであったようである。しかし、現在、ト書きも含めた完全な上演台本の形で残されているのは「パートⅣ」

「詩と劇に架橋する13章」…１９７４（昭和49）年から78年にかけて上演された劇団「河」のオリジナル作品。詩を台詞として使った構成劇で、複数のバージョンがある。「詩」と「演劇」を融合させた「河」らしい作品と言える。

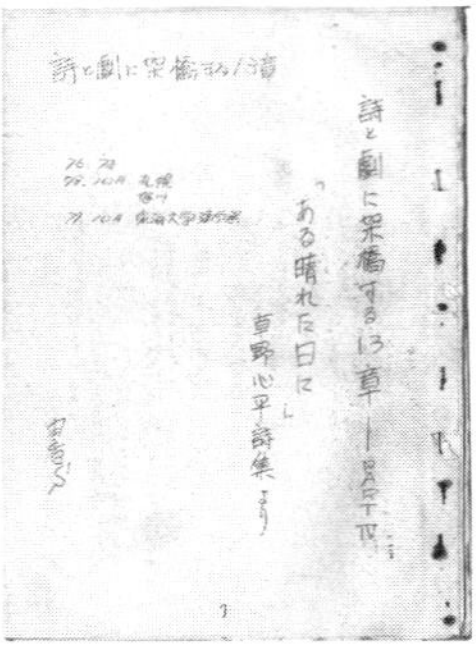

「詩と劇…」の台本（1978年）

のみで、ほかに台詞（使用した詩と童話）のみが載せられた「パート7」の資料がある。
　このうち「パートⅣ」は、サブタイトルが「ある晴れた日に　**草野心平**《くさのしんぺい》詩集より」となっており、草野心平の17編の詩の全編、及び一部が台詞として使用されている。手元にある「パートⅣ」の台本には、ト書きも残されている。一部を紹介してみよう。

＊　「詩と劇に架橋する13章」パートⅣ

遠くから流行歌が流れてくる。
女達　洗濯をしている　二人のうた　猛烈な水しぶき

（筆者注＝ここからの台詞は草野心平の詩「**さやうなら中華民国**」より）

女A　遠州**森の石松**が……
女B　まあなんでしょうね
女A　どどどどどど
女B　立ちあがる　モンペの神さんにあがる歓声

草野心平…１９０３（明治36）年、福島県生まれの詩人。中国に留学していた時代から詩作を始め、帰国後の１９２８（昭和３）年、全て蛙について書いた初の詩集「第百階級」を刊行する。１９３５（昭和10）年には、中原中也と詩誌「歴程」を創刊、以後、さまざまな職業に就きながら精力的に創作を続ける。１９８８（昭和63）年、85歳で死去。

「さやうなら中華民国」…１９５１（昭和26）年刊行の草野心平の詩集「天」に収録されている詩。敗戦に伴い、南京政府の宣伝部顧問として滞在していた中国から引揚げ船で日本に向かった際の体験をもとに作られた。

森の石松…幕末から明治にかけて、静岡県の清水港を拠点にした侠客、清水次郎長の子分とされる人物。広沢虎造の浪曲「石松三十石舟」に出てくる「寿司食いねぇ」、「馬鹿は死なきゃ治らねぇ」の台詞が有名。

女B　万歳らしき動作　唱和して女Aも万歳
女B　腹をかかえて　うずくまる

女B　あ　いててて
女A　おーい医者だ医者だ

男A　ドテラを着、人形をかかえて駆けこんでくる

男A　さようなら　さようなら
女A　（男をにらみつけ）なんだとッ！
女B　（水しぶきを浴びて）このバカヤロー！
女A　（女Bに）揚子江の泥水お前好きなんだろ　表へ出ろ
男A　おっかちゃん
女B　しめしめ万歳
女A　こっちだよ　こっちだよ
女B　いてぇ！気をつけろ

男の背中の赤ん坊が泣き出す

女B　徐州のヒルタさあん
女A　どいたどいた
女B　つぶれちゃうよう

反響する怒声、罵声、悲鳴、悪たれ
赤ん坊の泣き声　男Aは半死半生
軍服着た男登場　手には天狗の面

男B　一つのふるさとからいつの間にかおれにはも一つのふるさとが出来　二つが別別の二つでありさうして一つであることの希願から　大きなアジアの命運のなかで
男A　けれども俺の見たものは…いまはまさしく敗乏のみじめなざまだ
男B　中国なくして日本なく日本なくして中国なし
男A　けれども夢は阿修羅になって迫るいま　生ま身を引き裂くサヨナラの胸に
男B　やぶける金属音

女AB・男AB起立・直立不動　赤ん坊の泣き声が激しい

徐州…「徐州、徐州と人馬は進む」と歌い出す軍歌「麦と兵隊」で知られる中国の市。日中戦争中の1938（昭和13）年にあった徐州会戦で、日本軍により占領された。

女A　あの暑い
女B　真夏の雪崩が過ぎてから
男A　ささやかながら血のあることが自負した愛が見たものは
男B　黒こげの夢
全員　灰神楽

ドラの音がすさまじく鳴りわたる
突如あのなつかしき蝶々夫人の**アリア**が響き始める
スローモーション
天狗の面をつけた男　腰を動かす三人

女AB　さやうなら　さやうなら
Lよ
も一人のLよ
阿媽よ
めっかちのCよ
Tよ
Kよ

アリア…イタリア語。オペラなどで歌われる独唱曲のこと。

Kの細君よ
もう一人のKよ
Mよ
あの街の居酒屋よ
亜子よ
新しいHよ
Iよ
年とったLよ
Wよ
さようなら
さようなら
さようなら
さようなら

滝のように流れる女たちの涙
腕は万歳三唱の如くあげ続けられる　高まるアリア
少女、菊の花を持って登場

（筆者注＝ここからの台詞は草野心平の詩「**青イ花**」）

「青イ花」…1948（昭和23）年刊行の草野心平の詩集「定本　蛙」に収録されている詩。

少女　トテモキレイナ花
イッパイデス
イイニホヒ　イッパイ
オモイクラヰ
オ母サン
ボク
カヘリマセン
沼ノ水口ノ
アスコノオモダカノネモトカラ
ボク　トンダラ
ヘビノ眼ヒカッタ
ボクソレカラ
忘レチャッタ
オ母サン
サヨナラ
大キナ青イ花モエテマス

（筆者注＝ここからの台詞は「さやうなら中華民国」に戻る）

男ＡＢ　（形相凄まじく）ローソクの灯を絶やすなよ
女Ａ　ひたすらいまは　眼の前の小さなアカリがいつまでもいつまでも
女Ｂ　永遠までもともりつづけてくれることを念じながら
女ＡＢ　どよめきのなかで眼をつぶる

ドラの音　女たちのけぞる　遠くで悲鳴

（後略）

草野心平は、１９０３（明治36）年、福島県で生まれた日本を代表する詩人である。蛙をテーマにした作品が多く、「蛙の詩人」の名でも知られている。

例にあげた2編の詩のうち「さやうなら中華民国」は、１９５１（昭和26）年に発刊された詩集「天」に収録されている。草野は17歳からの４年間と、37歳からの5年間を中国で過ごしており、この詩は敗戦に伴い引揚げ船で日本に向かった際の体験をもとにしている。

また「青イ花」は、１９４８（昭和23）年発刊の「定本　蛙」に収録されている。作者は、「蛙の眼」でみずみずしい詠嘆を披露している。

また「河」の台本では、「青イ花」は詩の全部をそのまま台詞としているが、「さやうなら中華民国」は、詩の一部を抜いたり、順番を一部入れ替えたりして使っている。
この台本からだけでは、俳優が具体的にどういうシチュエーションを与えられて演技していたかはわからないが、詩の内容やト書きからは、敗戦とそれに続く混乱の中で翻弄される民衆の姿を描こうとしていたと推測できる。

【「焼かれた魚」をベースに】

一方、「パート7」は、「パートⅣ」の内容を取り込んだ形で、以下のような3部構成となっている。

1部…構成劇「ある晴れた日に」草野心平詩集より
2部…詩朗読「**長長秋夜**《じゃんじゃんちゅうや》」小熊秀雄
3部…詩と童話の錯綜による《変容》の試み

1部は、「パートⅣ」とほぼ同じ内容・構成である。
2部は、旭川にゆかりの深い詩人、小熊秀雄の長編叙事詩「長長秋夜」を俳優たちが群読したものである。
3部では、小熊の童話「**焼かれた魚**」をベースにしたうえで、9人の詩人（登場順に、吉増剛造、**佐藤春夫**《さとうはるお》、**飯島耕一**《いいじまこういち》、**金子光晴**《かねこみつはる》、**田村隆一**《たむらりゅういち》、**石原吉郎**《いしはらよしろう》、**鮎川信夫**《あゆかわのぶお》、**黒**《くろ》

「長長秋夜」…1935（昭和10）年に発表された小熊秀雄の長編叙事詩。日本の植民地とされていた時代の朝鮮の人びとの怒りや苦しみに寄り添うようにして綴られた作品。

「焼かれた魚」…1924（大正13）年に発表された小熊秀雄の2作目の童話。「生」についてのテーマが、簡潔な表現と平易な物語で展開されており、小熊の童話のなかでは最も完成度が高いとする評価が多い。

佐藤春夫…1892（明治25）年生まれの詩人、小説家。1918（大正7）年、谷崎潤一郎の推薦で文壇にデビュー。「田園の憂鬱」などの小説を次々と発表して人気作家となる。谷崎とは、谷崎の妻、千代を巡って複雑な三角関係となり、「小田原事件＝妻譲渡事件」として世を騒がせた。

飯島耕一…1930（昭和5）年生まれの詩人、小説家。東京大学仏文科在学中に、詩誌「カイエ」を創刊。1953（昭和28）年、第一詩集「他人の空」を刊行。1956（昭和31）年には大岡信らと「シュルレアリズム研究会」を結成した。

田喜夫《だきお》、吉本隆明《よしもとたかあき》）の作品を台詞として使った舞台が繰り広げられる。

このうち「焼かれた魚」は、小熊の代表的な童話である。

主人公はふるさとの海に帰りたいと願う焼かれたサンマ。自分の体を食べさせるかわりに、ネコやドブネズミ、野良犬やカラス、最後にはアリに運んでもらい、骨だけの体になったもののついに海に戻る。やがて岸に打ち上げられたサンマは、砂に埋もれて見えなくなる。

今回、本稿のために、この舞台に俳優として出演した池の内にじ子、松井哲朗の両氏に当時を振り返ってもらった。以下に示すのは、その証言をもとに紙上で再構成した舞台のあらましである。

「詩と劇…」右から小森思朗（松井哲朗）と山口正利

①**「地獄のスケッチブック」**より　吉増剛造

・舞台中央、「河原館」の階段の縦一列に、褌一つの４人の男（松井哲朗、北門真吾、室谷宣久《むろたにのりひさ》、山口正利《やまぐちまさとし》）が登場。１人が「月日は百代の過客にして、行きかふ年もまた旅人なり」で始まる吉増剛造の詩「地獄のスケッチブック（部分）」を語り出し、ところどころ他の３人が声をそろえてリフレインする。最後の一節を４人一緒に語り、「夢だ、夢だ、夢だー」と叫びながら外

金子光晴…１８９５（明治28）年生まれの詩人。１９１９（大正８）年、処女詩集「赤土の家」出版。反骨の文化人として、また妻、三千代と離婚と入籍を繰り返したことで知られる。

田村隆一…１９２３（大正12）年生まれの詩人。１９４７（昭和22）年、鮎川信夫らと詩誌「荒地」を創刊する。１９５６（昭和31）年に処女詩集「四千の日と夜」を出版。１９８５（昭和60）年、「奴隷の歓び」で読売文学賞を受賞した。

石原吉郎…１９１５（大正４）年生まれの詩人。シベリア抑留の経験を主要なテーマとした。１９６４（昭和39）年、「サンチョ・パンサの帰郷」により、第14回H氏賞を受賞。

鮎川信夫…１９２０（大正９）年生まれの詩人。10代で詩作を始める。１９４７（昭和22）年、田村隆一らと詩誌「荒地」を創刊し、戦後の詩壇をリードした。

黒田喜夫…１９２６（大正15）年生まれの詩人。１９５９（昭和34）年、処女詩集「不安と遊撃」を出版、第10回のH氏賞を受賞した。

に飛び出してゆく。なお北門、室谷、山口の３人は、北海道教育大学旭川校の同期で、学生劇団「葦」を経て、いずれも「河」に参加したメンバーである。

②

「焼かれた魚」　小熊秀雄

・「白い皿の上にのつた焼かれた秋刀魚は」で始まる童話を抜粋した語り（星野由美子）が挿入される。この語りはシーンの合間に随時はさまれた。

③

「秋刀魚の歌」　佐藤春夫

・北原ミレイが歌う「石狩挽歌」が響く中、火のついた七輪を抱えた浴衣の女（池の内にじ子）が登場する。「あはれ　秋かぜよ　情あらば　傳へてよ」で始まる詩を台詞として語りながら、団扇であおいでサンマを実際に焼く。サンマが焼けると女は皿に盛り、舞台中央の四角い箱の上に置く。「げにそは問はまほしくをかし」と台詞を言い終え、七輪を抱えて去ろうとしたとき、激しい閃光。振り返る女。爆音と悲鳴。女倒れ込み、暗転。

④

「他人の空」　飯島耕一

・箱の上のサンマにピンスポット。「鳥たちが帰って来た　地の黒い割れ目をつい

「詩と劇に架橋する13章」
左から小森思朗、北門真吾、山口正利、室谷宣久

吉本隆明…１９２４（大正13）年生まれの詩人、評論家、思想家。１９６０年代以降、多数の著書や発言により、多くの若者、知識人に影響を与えた。60年安保の際は、新左翼の教祖的存在とされた。詩作は10代から始め、１９５４（昭和29）年「荒地新人賞」を受賞するとともに、鮎川信夫らの詩誌「荒地」に参加した。

「地獄のスケッチブック」…吉増剛造の詩。１９７４（昭和49）年刊行の詩集「わが悪魔祓い」に収められている。

「秋刀魚の歌」…１９２１（大正10）年に発表された佐藤春夫の詩の分野の代表作。親交のあった小説家、谷崎潤一郎の妻、千代への悲恋の思いが込められている。

「他人の空」…１９５３（昭和28）年に発刊された第一詩集「他人の空」に収められた詩人、飯島耕一の代表作の一つ。

ばんだ」で始まるナレーションによる「他人の空」の朗読（塔崎）の中、頭に雪を乗せた4人の男が舞台に戻ってくる。疲れ切り、途方に暮れたようにそれぞれの場所に座り込む。

⑤「**しゃぼん玉の唄**」より　金子光晴

・男1が「しゃぼん玉はどこへいった。かるがるとはかない　ふれもあへずにこはれる　にぎやかなあの夢は　どこへいった」と始まる詩を台詞として物語る。

⑥「**再会**」　田村隆一

・男2が「どこでお逢いしましたか　どこで　どこでお逢いしましたか　死と仲のいいお友だち　わたしの古いお友だち」で始まる詩を台詞として物語る。

⑦「**葬式列車**」　石原吉郎

・男3が「なんという駅を出発して来たのか　もう誰もおぼえていない　ただ　いつも右側は真昼で　左側は真夜中のふしぎな国を　汽車ははしりつづけている」で始まる詩を台詞として物語る。

⑧「**繋船**《けいせん》**ホテルの朝の歌**」より　鮎川信夫

・男4が「……　おれたちはおれたちの神を　おれたちのベッドのなかで絞め殺し

「**しゃぼん玉の唄**」…1945（昭和20）年に発表された金子光晴の詩。48年刊行の詩集「蛾」に収められている。

「**再会**」…詩人、田村隆一が1948（昭和23）年に発表した詩。1956（昭和31）年刊行の処女詩集「四千の日と夜」に収められた。

「**葬式列車**」…1963（昭和38）年に刊行された詩集「サンチョ・パンサの帰郷」に収められた石原吉郎の作品。石原が体験したシベリア抑留の記憶が色濃い作品の一つ。

「**繋船ホテルの朝の歌**」…1947（昭和22）年に、雑誌「詩学」に発表された鮎川信夫の代表的な詩。

てしまったのだろうか」で始まる詩を台詞として物語る。

⑨「死にいたる飢餓—あんにや考」より　黒田喜夫

・男3が「餓鬼図を見た　むらがり　糞や吐瀉物をむさぼる亡者のそばに　一人しゃがんでいる痩身の男が見える」で始まる詩を台詞として語りながら立ち上がる。語るうちに次第に男たちは狂気の世界に入っていく。昂揚し、詩に描かれた餓鬼の如く箱の上のサンマに食らいつき、奪い合う。サンマの身は飛び散り、ボロボロになって骨があらわになる。しばし骨を凝視する男たち。ふと我に返る。

⑩「涙が涸《か》れる」　吉本隆明

・男たちが「けふから　ぼくらは泣かない　きのふまでのように　もう世界は　うつくしくもなくなったから」で始まる詩をつぶやきながら、愛しそうに、哀しそうにサンマの骨を拾い始める。四角い箱（骨つぼ）の中に骨を納めてゆく。「ぼくらはぼくらに　または少女に　それを視せて　とほくまで　ゆくんだと告げるのである」のくだりで骨を納め切り、ふたを閉めて舞台中央に置く。

・「とほくまでゆくんだ　ぼくらの好きな人々よ」と声をそろえて立ち上がり、詩を続ける男たち。「ぼくらはきみによって　きみはぼくらによって　ただ　屈辱を組織できるだけだ　それをしなければならぬ」と最後のくだりを語る男たちにあてた照明が次第に落ち、かわりに骨つぼのピンスポットの光が増してゆき、カッ

「死にいたる飢餓—あんにや考」…１９６４（昭和39）年に発表された黒田喜夫の評論。「詩と劇に架橋する13章」で使われているのは、この評論の冒頭に載せられている黒田の詩。「あんにや」は、黒田の出身地、山形県の一部で使われている言葉で、地域の最下層の労働者の血筋を指す。

「涙が涸れる」…１９５４（昭和29）年に発表された吉本隆明の詩。60年安保、70年安保の政治の時代の若者に愛された詩人としての吉本の代表作の一つ。

トアウト。

なおこの第3部については、第6章でふれたNHK旭川放送局制作の番組の中に、「河原館」で作品の一部を俳優たちが演じるシーンが残されている（残念ながら音声は残されていない）。

収録されたシーンでは、池の内演じる「秋刀魚の歌」のシーンと、松井ら男たちの登場シーン、サンマを奪い合うシーンの一部を見ることが出来る。

「詩と劇…」池の内にじ子

この「詩と劇に架橋する13章」は、第7章でふれたように、1978（昭和53）年に札幌で上演されている。公演に関わった飯塚優子はこう回想している。

同年（筆者注＝1978年）九月十五～十七日の三日間、当時私が勤務していた4丁目プラザの小さなフリースペースでの劇団河公演が実現した。「詩と劇に架橋する13章」である。

タイトルのとおり、これは文字に書かれた詩が肉声を得ることによって限りなく劇的な世界を獲得する、そのありさまを観客の前に現出させる試みだった。選ばれた十三編の詩を、朗読というより詩を台詞として演じるのである。小熊秀雄の「長長秋夜」はいわゆる群読スタイルで、ひとり、ふたり、全員、かけあい、と変化するスピーディーな運びが緊迫した世界を創りあげた。

一方、佐藤春夫の「秋刀魚のうた」は全く趣を異にする。**北原ミレイ**の「**石狩挽歌**」ひとしきり、池の内虹子演ずる襤褸の狂女が現れて「哀れ秋風よ」とつぶやく。七輪からたちのぼる本物の秋刀魚の煙がご愛嬌。それは詩句としては紛れもない「秋刀魚のうた」でありながら、しみじみと秋を詠嘆する一般イメージとはかけはなれた独自の世界だった。

〈「旭川・劇団河の芝居と黙っている塔崎さんの思い出」・「塔崎健二を追む　時間の焔―無神の空」掲載・1997年〉

「詩と劇…」の札幌公演（1978年）

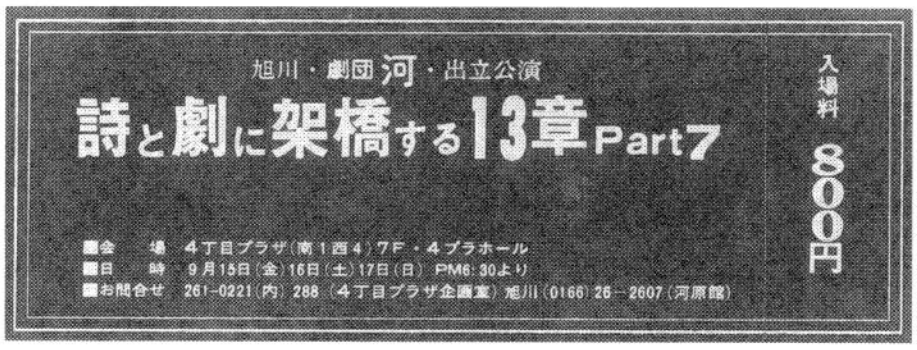

「詩と劇…」の札幌公演チケット（1978年）

戯曲や詩、エッセイ、流行歌の歌詞など、いわゆる既存のテキストを素材に全く新しい舞台作品を生み出す取り組みは、60年代から70年代にかけて行われたいくつかの試みがよく知られている。

その一つは、1967（昭和42）年、劇団「青俳」時代の蜷

北原ミレイ…1949（昭和24）年生まれの歌手。1970（昭和45）年、「ざんげの値打ちもない」でレコードデビュー。ミレイ節と呼ばれる独特の歌唱で、歌謡界に確固とした地位を築いた。

「石狩挽歌」…1975（昭和50）年、北原ミレイが歌ってヒットした流行歌。作詞はなかにし礼、作曲は浜圭介。数多くのアーチストがカバーし、歌謡史に残る名曲となっている。

川幸雄が稽古場公演として構成・演出した**「ヴォルフガング・ボルヒェルトの作品からの九章」**である。この作品は、ドイツの劇作家、**ヴォルフガング・ボルヒェルト**の**「戸口の外で」**を中心に、同じ作者の他の戯曲や詩の断片等を組み合わせた舞台である。蜷川は「劇のコラージュのような作品だった」と述べている。

また1969年から70年にかけては、「早稲田小劇場（現SCOT）」の鈴木忠志が、歌舞伎や新派の戯曲、小説、エッセイ、流行歌の歌詞などを素材にした**「劇的なるものをめぐって」**シリーズを構成・演出している。

このうち「劇的なるものをめぐってII」は、長屋に住む精神を病んだ芝居好きの女が、記憶にある舞台の断片を次々と演じていく〝仕立て〟だった。素材として、歌舞伎の**鶴屋南北**《つるやなんぼく》や、**泉鏡花**《いずみきょうか》、不条理演劇の代表的劇作家、**サミュエル・ベケット**などの作品の断片が使われた。この作品は、当時の「早稲田小劇場」の代表作として海外でも上演され、主演した女優、白石加代子の名を不動のものにしたことで知られている。

蜷川の作品が、コラージュとはいえ、素材としたテキストの意味（筋）は基本的にその意味する通りに使われていたのに対し、「劇的なるものをめぐって」は、本来のテキストとは全く違ったシチュエーション＝場面（台詞は**「婦系図《おんなけいず》」**のお蔦が恋人にかける言葉だが、場面は狂女の独り芝居のつぶやき、など）が設けられ、その激しい〝落差〟が劇的な効果を生んだ。

その意味では、「河」の「詩と劇に架橋する13章」は、詩の内容にほぼ沿った場面もあり、まったく異なった状況を設定した場面もあり、双方の中間に位置付けられる

「ヴォルフガング・ボルヒェルトの作品からの九章」…劇団「青俳」時代の蜷川幸雄が、1967（昭和42）年、劇団の稽古場公演として演出した作品。蜷川にとって実質的な初演出だった。27歳で夭折したドイツの劇作家、ボルヒェルトの代表作「戸口の外で」、およびボルヒェルトが残した掌編小説などの散文を素材に蜷川が構成した。蟹江敬三や石橋蓮司らが出演し、その後の彼らの「青俳」脱退、「現代人劇場」結成の前触れとなった作品でもある。

ヴォルフガング・ボルヒェルト…1921（大正10）年生まれのドイツの劇作家。第二次世界大戦に従軍した経験をもとに書いた復員兵が主人公の戯曲「戸口の外で」が代表作。「戸口の外で」は、1947（昭和22）年にラジオドラマとして放送されて大きな反響を呼んだ。従軍中に発症した病気が悪化し、同年、27歳の若さで死亡した。

「戸口の外で」…1947（昭和22）年に発表されたドイツの劇作家、ボルヒェルトの代表作。第二次世界大戦のドイツの東部戦線で従軍し、復員した兵士が主人公。西ドイツの放送局でラジオドラマとして放送され

作品と言える。
ただ詩のみ（小熊の「焼かれた魚」は童話作品であるが）を素材にした「劇のコラージュ作品」の舞台化を長期間にわたり追求した劇団は、おそらく他にはないのではないか。その独自な取り組みは高く評価されるべきである。

【「長長秋夜」】

群読「長長秋夜」の舞台（先頭は塔崎健二）

なお「河」による詩の群読の試みは、「詩と劇に架橋する13章」の初演（1974年）より早く、60年代から始まっている。このうち「詩と劇に架橋する13章　パート7」の2部でも行われている小熊秀雄の詩「長長秋夜」の群読は、すでに72年の「鴉よ、おれたちは弾丸をこめる」の公演の際、劇と合わせて披露されている。

「長長秋夜」は、1935（昭和10）年、詩誌「詩精神」に発表された小熊の長編叙事詩である。ここで旭川、そして「河」とも関わりの深い小熊について、少し詳しく押さえておこう。

小熊は、1901（明治34）年、小樽市生まれ。北海道、東北、樺太で幼少期を過ごしたのち、19

た後、ハンブルクの劇場で初演された。

「劇的なるものをめぐって」…1969（昭和44）年から上演が始まった鈴木忠志構成、演出による「早稲田小劇場」の一連の舞台。複数の芝居やエッセイ、流行歌の歌詞などを素材に、台詞の表面的な意味とは全く異なったシチュエーションが俳優に与えられ、その差異が劇的な人間の内面を浮かび上がらせた。特に70年に初演された「劇的なるものをめぐってⅡ」では、狂気の女を演じた主演の白石加代子の演技が高く評価され、複数回に渡り海外公演が行われるなど、劇団の代表作となった。

鶴屋南北（4代目）…江戸時代後期に活躍した歌舞伎の代表的作者。「東海道四谷怪談」など怪談ものに定評があった。他に「盟三五大切（かみかけてさんごたいせつ）」、「桜姫東文章（さくらひめあずまぶんしょう）」などの代表作がある。破天荒な物語と血糊が飛び散るなど道具立ての生々しさから、リアリズム劇からの脱却を唱えたアングラ・小劇場演劇の劇団の多くが戯曲を上演したり、作品に取り入れたりしたことでも知られている。

22（大正11）年、姉の住む旭川にやって来る。旭川新聞の記者となり、並行して執筆活動を始めている。28年、27歳の時、本拠地を東京に移し、業界紙などで働きながら、作品を発表。詩だけではなく、童話、小説、評論、漫画原作と幅広く活動し、自ら名付けた「**池袋モンパルナス**」の画家たちと交流し、絵画作品の制作も行った。

一方、**日本プロレタリア作家同盟**に参加したことから当局の弾圧を受け、2度にわたり逮捕、拘留されている。1940（昭和15）年、赤貧の中、肺結核により39歳の若さで亡くなった。

小熊は、日本を始め、ロシアや朝鮮、中国など、常に抑圧された民衆の側に立った作品を作り続けた。このため「民衆詩人」との呼び名がある。

「河」が群読した「長長秋夜」は、そうした民衆に寄り添った小熊の代表作の一つであり、日本による植民地支配を受けた朝鮮民衆の現実を描いた作品である。

作品には、タイトルに続き「ぢやん、ぢやん、ちゆう、やは朝鮮語で長い長い秋の夜といふ意味」という小熊の言葉が添えられていて、次のように始まる。

朝鮮よ、泣くな、
老婆（ロッパ）よ泣くな、
処女（チョニョ）よ泣くな、
洗濯台（パンチヂリ）に笑われるぞ、
トクタラ、トクタラ、トクタラ、トクタラ、

泉鏡花…1873（明治6）年、石川県生まれの小説家。明治20年代から新聞や雑誌に作品を発表し始め、江戸趣味、耽美趣味の色濃い作風で人気作家となる。代表作に「高野聖」、「婦系図」など。「夜叉ヶ池」、「天守物語」など戯曲の名作も多い。

サミュエル・ベケット…1906（明治39）年、アイルランド生まれの劇作家、小説家。英語、仏語の両方で創作活動を行った。代表作「ゴドーを待ちながら」は、不条理演劇の代名詞とされた。1969（昭和44）年にノーベル文学賞を受賞。

「婦系図」…1907（明治40）年に発表された男女の悲恋を描いた泉鏡花の小説。翌年、舞台化され、「新派」の代表作となる。

池袋モンパルナス…1930年代、池袋がある東京豊島区には、アトリエ村と呼ばれた住宅群を中心に、多くの画家や彫刻家、俳優らが住んでいた。その光景は芸術家が集ったパリのモンパルナスのようであり、詩人、小熊秀雄によって「池袋モンパルナス」と名付けられた。

日本プロレタリア作家同盟…192

この「トクタラ、トクタラ」という擬音は、朝鮮の老婆（ロッパ）たちが、川に置いた洗濯台（パンチヂリ）に白い朝鮮服を広げ、木の棒（パンチ）で打つ音である。詩の中に何度も登場し、独特のリズムを産んでいる。

老婆（ロッパ）は体を左右にふりながら
馴れた調子で木の台の上の
白い洗濯物を棒（パンチ）で打つてゐる。
トクタラ、トクタラ、

しかしこのあと登場する面長《めんちょう》＝村長は、日本の役人の顔色をうかがってばかり。「夜つぴて　トクタラトクタラ　パンチヂリをやつてゐる　やかましうてたまらん」と、洗濯をしなくても済むよう、これからは黒い服を着ろと老婆たちに言い渡す。泣いて抵抗する老婆たちを配下の男たちが襲い、墨汁を付けた筆で白衣を汚す。老婆たちは打ちひしがれるが、夜が明けると立ち上がって川に向かい、汚れた朝鮮服を洗い始める。詩はこのように結ばれる。

かよわい手をふりあげて
強く石をうつ

8（昭和3）年に結成され、雑誌「戦旗」を主な発表場所として、日本のプロレタリア文学の中心を担った。しかし当局の弾圧も激しく、3年後には上部団体である日本プロレタリア文化連盟に所属する400名が検挙、さらに翌年には築地警察署に連行された作家、小林多喜二が暴行を受け死亡した。

強く朝鮮の歌をうたひだす
黒くよごれた白衣を棒（パンチ）でうつ
うつパンチも泣いてゐる
打たれる白衣も泣いてゐる、
うつ老婆（ロッパ）も泣いてゐる
打たれる石も泣いてゐる
すべての朝鮮が泣いてゐる

「河」による群読では、リズミカルに変化を付けて詩が語られ、観る者に強い印象を与えた。また朗唱だけでなく、俳優がアクション（演技）を交える部分もあった。

２０１２（平成24）年に亡くなった旭川出身の詩人、**江原光太**《えばらこうた》は、このように書いている。

劇団〈河〉の群読は塔崎健二が主演であり演出家だったから、いつも感心して聴いていた。とくに小熊秀雄の「長長秋夜」のような長篇叙事詩は、老婆、面長、村人たちの声が響かなくては面白くないから、聴衆は飽きて席を立ってしまうだろう。ところが俳優全員による〈河〉の群読は演劇的効果があった。「長長秋夜」は詩というよりもドラマそのものなのだ。

〈「劇団〈河〉の『長長秋夜』群読」・「塔崎健二を追む　時間の焔―無神の空」掲載・１９９７年〉

江原光太…１９２３（大正12）年、旭川生まれで、旭川、札幌を拠点に活動した詩人。「北極の一角獣」、「オルガンの響き」など著書がある。

「飛ぶ橇」…１９３５（昭和10）年に発表された小熊秀雄の24章、７３５行に及ぶ長編叙事詩。小熊が少年期を過ごした樺太が舞台で、樺太アイヌと日本人山林官の深い絆がテー

群読「長長秋夜」の舞台

このほか「河」は、同じく小熊の長編叙事詩「**飛《と》ぶ橇《そり》**」の群読も行っており、こちらは1968（昭和43）年の旭川市文化奨励賞の受賞パーティーの席などで披露された。

さらには、地元の歌人、**西勝洋一《にしかつよういち》**の歌集を素材にした構成劇「短詩型―劇へ　西勝洋一歌集『未完の葡萄』」（1983年7月・池の内にじ子演出）という作品もある。

この作品では、西勝の短歌のほか、**中原中也《なかはらちゅうや》**や寺山修司などの詩や短歌が素材として使われている。「詩と劇に架橋する13章」と同じく、やはり役者にさまざまなシチュエーションを与えて、短歌や詩を台詞として表現した。

このように「河」は、詩（詩歌）と演劇とを結びつけた舞台表現へのこだわりを持ち続けたという意味で、特異な劇団だった。

これには劇団の中心だったメンバーが詩に対する強い関心を持っていたことが影響している。特に塔崎は、20代から小熊の作品や生涯に強い関心を持つなど、詩や詩人と常に近い距離感を持ち続けた。塔崎の小熊研究の成果は、評論集「**灰色に立ちあがる詩人　小熊秀雄研究**」（1998年）にまとめられている。

マ。小熊を特徴づける長編叙事詩の原点となった作品。

西勝洋一…1942（昭和17）年、函館市生まれ。上川管内、旭川市内の中学校に勤めながら短歌の創作を続ける。1968（昭和43）年、短歌人（新人）賞受賞。「短歌人」編集委員、「かぎろひ」編集人、北海道新聞短歌賞選考委員等を務める。

中原中也…1907（明治40）年、山口県生まれの詩人。18歳の時に上京、小林秀雄、大岡昇平らと交流する。1934（昭和9）年、詩集「山羊の歌」を出版。翌年には詩誌「歴程」が創刊され、同人となる。1937（昭和12）年、30歳で病死。死後、第二詩集「在りし日の歌」が刊行された。

「灰色に立ちあがる詩人　小熊秀雄研究」…劇団「河」の中心メンバー、塔崎健二の著書。28歳の時から書き続けてきた小熊秀雄についての評論をまとめ、1993（平成5）年に私家版として制作。塔崎の死後、復刻の上、「旭川叢書　第24巻」の同タイトルの評論集として旭川振興公社より刊行された。

【地元作家の起用】

こうした詩と劇を結びつける独自の活動に加え、「河」が取り組んだのが地元作家の起用だった。1975（昭和50）年3月、「河」は初めてのオリジナル脚本の上演を行う。

作品は地元在住の北けんじ作の「五寸釘寅吉遊行伝の内　仙童寅吉伝説はまなす縁起」（演出は星野）。江戸末期から明治にかけ、6回にわたり脱獄と収監を繰り返し、最後は網走監獄で刑期を全うしたことで知られる実在の人物、「**五寸釘寅吉**」こと西《にし》川《かわ》寅吉《とらきち》を主人公にした戯曲である。

といっても史実に基づいたものではなく、江戸の国学者、**平田《ひらた》篤胤《あつたね》**や、**大逆事件**で処刑された自由民権運動家、**奥宮健之《おくのみやけんし》**らも登場する虚実入り混ぜた活劇に仕立てられている。劇団が作成したチラシには、旭川在住の小説家、評論家の佐藤喜一の推薦文が載せられている。

> 幕末の神童寅吉を、西川寅吉の前身とみたてて、江戸時代の平田篤胤、**伴信友**、**屋代弘賢**をからませる。（中略）北けんじ氏は、漫画、**説教師**、**浄瑠璃**、**黄表紙**、**洒落本**を受容し、**井上ひさし**と唐十郎をごった煮にした地下劇場的構築を展開させる。

五寸釘寅吉（西川寅吉）…江戸末期の1854（安政元）年生まれ。道内外で、生涯に渡り6回の脱獄を繰り返した。警察官に発見された際、板についた五寸釘を踏み抜いたもののそのまま逃走を続けたことからこの異名がついたとされる。

平田篤胤…江戸時代後期の国学者。「もののあはれ」を中心とした文学論を唱え、神代の生活・精神を理想とした本居宣長を敬愛し、幕末の尊王攘夷運動に影響を与えた。

大逆事件…1910（明治43）年、宮下太吉らの明治天皇暗殺計画の発覚、逮捕に伴い、幸徳秋水、管野スガら全国各地の社会主義者、無政府主義者が検挙された事件。検挙者は数百人に上り、このうち24人に死刑が宣告された。

奥宮健之…江戸時代末期の土佐に生まれる。自由民権運動の闘士として活動し、2度に渡り検挙、北海道の樺戸集治監などに投獄された。出獄後、幸徳秋水に接近し、大逆事件に連座して逮捕、死刑となった。

伴信友…江戸時代後期の国学者。平田篤胤とも交流があった。

そして「蝮のお政」なる女スリを妻にした寅吉は、幕末神童の生まれ変わりの「侠盗」に仕立て上げられ、明治変革期の革命家のシンパサイザーとして資金かせぎに力を貸す陰の人物というスーパーマンぶりで、作者の「チャンバラ精神」

「五寸釘寅吉…」ポスター（1975年）

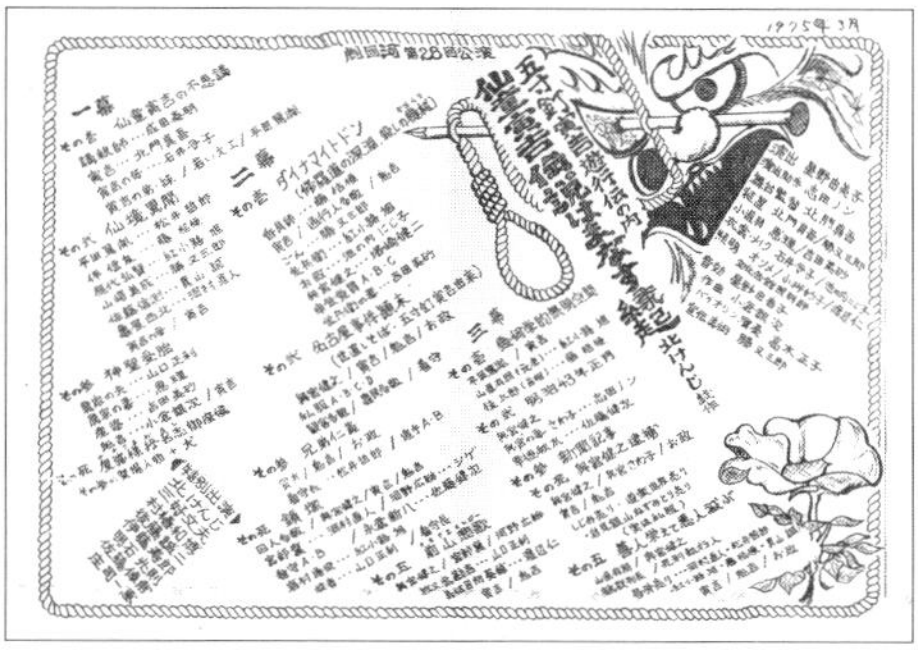
「五寸釘寅吉…」チラシ（1975年）

は存分にもられ、ここに変幻自在、結実して息づくことになる。いってみれば「荒唐無稽」だが、たしかな手答えのある作品となった。

〈「実像を粉砕、虚像に盛り込む『チャンバラ精神』・劇団河チラシ・1975年」〉

作者の北けんじは、本名・喜多健二。旭川の隣町、比布町《ぴっぷちょう》の出身である。日本大学芸術学部で学び、その後、旭川市役所に勤めた。市史編纂などに長く関わり、「旭川演劇百年史（旭川文芸百年史に収録）」や「じゃっく・ないふの閃《ひらめ》き―**鈴木政輝**《まさてる》の詩精神」、「詩人§**下村保**《しもむらやす》**太郎**《たろう》素描＋旭川茶房の歴史異聞―聖地巡礼―」などの著作がある。

大学時代に映像作品のシナリオを手掛けていたことなどから、つきあいのあった塔崎の依頼を受け、「河」のための戯曲を書くことになった。そ

屋代弘賢…江戸後期の国学者、幕府御家人（右筆）。蔵書5万冊を納めた書庫を築いた蔵書家としても知られる。

説教師…仏教において、言葉に抑揚をつけて行う法話＝説教を行う人。一部は、楽器や踊りを用いて説教節、説教浄瑠璃などとして芸能化した。

浄瑠璃…語り物の一つ。室町時代に成立し、伴奏に三味線を使うようになって発展した。江戸時代には、人形繰りと合わせて人形浄瑠璃となった。

黄表紙…江戸時代に流行した大人向けの絵本。しゃれや風刺が特徴で、絵が主で余白に文章が入った。挿絵は葛飾北斎ら多くの浮世絵師が担当した。

洒落本…江戸時代の読み物で、遊郭での遊びについて書かれたものが中心。小説の形態をとっているが、一種のガイド本的な使われ方をした。

の事情について、北はこう書いている。

図書館（旭川市立）を仕事場にしていた頃の話である。（中略）

当時、塔崎は二十二歳の筈であるが、三十二歳の私には何故か同年輩に見え老成した男と思ったものである。それ（筆者注＝初対面）以来、月に一、二度図書館の私の所へやって来るようになった。そして、何年か経過するうちに私はとんでもない破目に陥るのである。劇団河のために芝居を書くという約束らしきものを塔崎と交し、いつのまにか籠絡されていたのである。

塔崎は劇団河の優れたオルガナイザーでもあった。私が「五寸釘の寅吉遊行伝」を書くと決めると、塔崎は今度は五寸釘の寅吉の資料をどこから入手するのかわからないが「こんなのがあるよ」といって持ってきて呉れるという編集者の眼も合せ持っていたのである。私はますますのっぴきならぬ状況に追い込まれてしまっている自分を発見してがく然としたものであった。

〈「役者伝説」・「塔崎健二を悼む　時間の焔―無神の空」掲載・１９９７年〉

北は舞台芸術のなかでも、大衆演劇や大道芸、落語、講談などいわゆる芸能と称される庶民的な分野に深い関心を持っていたようだ。西川寅吉も網走監獄を出所後、興行師にかつがれて「**五寸釘寅吉劇団**」を結成し、全国を回って自分を主人公にした芝居を上演した。北もそうした点に興味を引かれたと書いている。

井上ひさし…１９３４（昭和９）年生まれの劇作家、小説家。大学在学中から放送作家として活動。ＮＨＫで放送された人形劇「ひょっこりひょうたん島」がヒットする。その後、「日本人のへそ」、「道元の冒険」などで劇作家としての地位を確立する。さらに小説家としても「手鎖心中」で直木賞を受賞するなど人気を集めた。

鈴木政輝…１９０５（明治38）年、旭川市生まれ。旧制旭川中学校時代から詩作を始め、日大法文学部に進学。約９年間の東京在住時に川端康成や萩原朔太郎らと交流する。帰旭後、旭川で発会した「北海道詩人協会」の中心メンバーとして活動。１９５１（昭和26）年には旭川市文化賞を受賞した。

下村保太郎…１９０９（明治42）年、旭川市生まれ。旭川商業学校在学中に詩作を始める。「北海道詩人協会」の中心メンバーとして活動するとともに、喫茶「チロル」を引き継いで長く経営した。１９８０（昭和55）年、旭川市文化賞を受賞。

五寸釘寅吉劇団…脱獄王、西川寅吉が、大正末に網走監獄を出所後、興

「高橋お伝・伝」ポスター（1976年）

北の作品は、「明治の毒婦」と呼ばれた殺人犯、**高橋お伝**を主人公とした「**高橋お伝・伝**」（星野演出）が1976（昭和51）年11月から77年1月にかけ、処女作の続編となる「五寸釘寅吉遊行伝の内 非人寅吉伝説股旅仁義」（華乱々《はならんらん》＝本名・佐藤健次演出）が、1981（昭和56）年12月から82年1月にかけ、「河」によって上演されている。

【塔崎作品も上演】

一方、北に戯曲の執筆を依頼した塔崎自身も、このころオリジナルの戯曲の創作を始めている。

その結果、1977（昭和52）年3月に書きあげたのが「**氷河のようにかえりゃんせ**」だった。

「河」では、すぐ星野の演出のもと稽古に入り、6月から7月にかけ、「河原館」で上演している。

塔崎はこのあとも戯曲の執筆を続け、1981（昭和56）年には児童劇「**赤ずきんちゃんの冒険**」を書き上げる。この作品は翌82年1月、星野の演出で旭川と富良野で上演された。

行師に担がれて結成した一座。寅吉の生涯を舞台にした出し物で、全国各地を興行した。

高橋お伝…幕末の嘉永3年生まれ。1879（明治12）年、強盗殺人の罪で死刑判決を受け、市ヶ谷監獄で斬首された。「毒婦」の異名で知られ、小説や映画、浪曲などで扱われた。

「高橋お伝・伝」…1976（昭和51）年11月から翌年1月にかけて「河原館」で上演された劇団「河」のオリジナル作品。作者は北けんじ。

「氷河のようにかえりゃんせ」…1977（昭和52）年に塔崎健二が書いた処女戯曲。同年6～7月に、劇団「河」により塔崎の演出で「河原館」にて上演された。

「赤ずきんちゃんの冒険」…1981（昭和56）年に塔崎が書いた3作目の戯曲。星野由美子演出で旭川市公会堂、富良野市文化会館などで上演された。

またこの年5月には「まぼろしよ、まぼろしたちよ—青い鳥幻想」が完成。第7章でふれたように、同年9月、星野の演出により、札幌演鑑が主催して開いた第1回の札幌演劇祭（道内5劇団の合同創作劇大会）の作品の一つとして、「札幌駅裏8号倉庫」で上演されたほか、11月に「河原館」で再演された。

さらに1984年2月には、塔崎作の戯曲「**吹雪物語**」が旭川市民文化会館小ホールで上演されている。

なお塔崎の創作では、これらの戯曲のほか、親交のあったアイヌの古老の死をめぐり、塔崎自身と思われる主人公を軸に物語が展開する小説「鎮魂譜・ランラン—フチの沈黙—」（原題「北方雨譜《ほっぽううふ》—フチの沈黙—」）＜未発表・1995年＞がある。

【ラジオドラマも】

一方、80年代には、北と塔崎の脚本による劇団「河」出演の2本のラジオドラマが、NHK旭川放送局によって制作されている。

一つ目は、北作の「**小熊秀雄の出奔《しゅっぽん》**」である。1980（昭和55）年12月、「北海道ラジオ小劇場」の作品として全道放送された。

作品は、3度目の上京（この上京後、小熊は39歳で亡くなるまで東京で暮らした）を決意した小熊と、上京を告げられた妻のつね子（ドラマではかず子）の出発前夜の揺れ動く心境が描かれている。小熊を塔崎が、つね子を池の内が演じた。

「吹雪物語」…1983（昭和58）年に塔崎健二が書いた戯曲。翌年2月、劇団「河」により、旭川市民会館小ホールで上演された。

「小熊秀雄の出奔」…1980（昭和55）年12月、NHKの「北海道ラジオ小劇場」として旭川放送局が放送したラジオドラマ。1928（昭和3）年の上京前夜の詩人、小熊秀雄と妻の心の葛藤を描いた作品。

もう一つは、84年の戯曲「吹雪物語」を、作者の塔崎自身がラジオドラマに脚色した作品である。タイトルは「**6日しばれて6日ふぶく**」。これは、同年２月に、やはり「北海道ラジオ小劇場」の作品として全道放送された。

なお「小熊秀雄の出奔」で演出を担当したのは、当時、旭川放送局の若手ディレクターだった木田幸紀《きだゆきのり》である。木田はその後、本部の番組制作局ドラマ部に移り、「**独眼竜正宗**」「**翔ぶが如く**」「**毛利元就**《もうりもとなり》」などの大河ドラマの演出や制作を担当した。また２０１１（平成23）年から４年間、ＮＨＫ理事を務めた後、ＮＨＫ交響楽団理事長を経て、２０１６（平成28）年４月にＮＨＫ専務理事に就任している。

【オリジナル作品の位置付け】

ところで、演劇の現場では、オリジナル脚本による舞台創りと、既成の脚本を使った舞台創り（**ギリシャ悲劇**やシェークスピア劇など古典も含む）がある。

この章では、「河」の成果の一つであるオリジナル脚本による舞台創造についてまとめたが、舞台創りのこの２つのアプローチについて、当時の「河」の姿勢が反映されていると思われる文章が、塔崎の小説の中に出てくるので最後に紹介したい。

ほぼ半年の稽古を経て一本の作品を舞台化する。既成の戯曲であれ、創作戯曲であれ舞台化は集団と役者のオリジナリティへのひたむきな肉薄の過程である。

「6日しばれて6日ふぶく」…１９８４（昭和59）年２月、ＮＨＫの「北海道ラジオ小劇場」として旭川放送局が放送したラジオドラマ。

「独眼竜正宗」…１９８７（昭和62）年のＮＨＫ大河ドラマ。原作は山岡荘八の小説「伊達正宗」。脚本はジェームス三木。主役の正宗は、渡辺謙が演じた。

「翔ぶが如く」…１９９０（平成2）年のＮＨＫ大河ドラマ。司馬遼太郎の同名小説が原作。西田敏行演じる西郷隆盛と、鹿賀丈史扮する大久保利通の２人を主役に幕末から明治の西南戦争までを描いた。

「毛利元就」…１９９７（平成9）年のＮＨＫ大河ドラマ。主人公の毛利元就を中村橋之助が、元就の正室、美伊の方を富田靖子が演じた。

ギリシャ悲劇…古代ギリシャの都市国家、アテネを中心に発展したヨーロッパ最古の演劇。国家行事として野外劇場で上演された。アイスキュロス、ソフォクレス、エウリピデスの三大悲劇詩人がおり、「オイディプス王」「メディア」「トロイアの女たち」などの名作がある。

竜胆《りんどう》（筆者注＝小説の主人公、塔崎自身がモデル）達は格別自分達の戯曲を創りたいとは思わなかった。既製の作品を舞台化すること、そのことが本当は大変なオリジナリティの創出であることを良く体得していたからで、東京などでの創作戯曲にあらずば集団としてのアイデンティティを失う、とでもいうような風潮には明確に反対していた。**ハムレット**を演る集団が百あれば百様のハムレットがあって然るべきで、その針の穴を通るような困難な作業の涯に見い出すオリジナリティこそ自分達の存立の根拠であると思っていた。そうした考えで、むろん自分達の創作戯曲も織り込みながら、数的には既成の戯曲が上回って、年二本位が常時舞台化されてゆくことになる。

〈「鎮魂譜・ランラン―フチの沈黙―」（原題「北方雨譜《ほっぽううふ》―フチの沈黙―」）・1995年〉

北とともに、劇団にオリジナル脚本を提供していた塔崎自身の文章だけに重みがある言葉である。そこには、質・量ともに特筆すべき水準で行われていた「河」の舞台化の過程＝稽古への絶対的な自信が感じられる。我々を魅了してやまなかった「河」の舞台の秘密の一端が、ここにも見えると思う。

「ハムレット」…1600年から602年ころに書かれたシェイクスピアの四大悲劇の一つ。主人公は、デンマークの王子ハムレット。父を殺して母と王位を奪った叔父を討って復讐を果たすが、自らも死ぬ。

【第11章】

「詩人俳優」

【図書館のひと】

のっけから思い出話で恐縮だが、筆者が高校生の頃の話である。今の旭川市公会堂に併設されていた市立図書館に行くと、特に目立つ2人の男性を良く見かけた。

一人は小柄で痩身。いつも不機嫌そうな顔をして調べものをしていた。私たちが、友人同士、小声で話しているだけで「うるさい」としかられた。旭川に居ながら文芸評論家として活躍し、のちに旭川大学の学長となる高野斗志美《たかのとしみ》である。当時は、旭川大学の教授だったのではないだろうか。ただそうしたことは全く知らず、私は「またいつもの偏屈そうなオヤジがいるな」と思っていた。

もう一人は、もっと若く、長身で長髪。がっちりとした体格で、やはりよく調べものをしていた。あまりによく見かけるのと、場所になじんでいたことから、私はその男性が塔崎健二という「河」の俳優であることを知るまで、「図書館のひと」だとばかり思っていた。

そうした思いも影響したのか、「河原館」で初めて塔崎の演技を観た時は、「なんて文学の香りがする俳優さんなのだろう」と思った。今でも彼以上に〝文学〟と結びついたイメージの俳優を観たことがない。

たびたび紹介している元「黒テント」の津野海太郎は、塔崎についてこう回想している。

はじめて私が旭川に行ったのは一九七四年十二月、黒テントの「阿部定の犬」公演の準備のためだった。降りしきる大雪のなかで道に迷い、**旭橋**の近くの郵便局から河原館にSOSの電話をかけた。それに応じて笑いながら迎えにでてくれたのが内藤さん（筆者注＝塔崎の本名）だったのだ。それが初対面—。

「なんだかいなかの**芥川竜之介**みたいなやつだな」

と思った。長身で、ちょっと斜にかまえた、とんがった顔。そんな風貌についい芥川を連想してしまったのである。

その後、内藤さんが「小熊祭」で小熊（筆者注＝小熊秀雄）に扮してかれの詩を朗読したという話などを聞き、芥川に小熊がかさなって、やがて私は内藤さんのことを「詩人俳優」と呼ぶようになった。文学と演劇がこんなにもろに一体化した存在というのは、いまどきめずらしいと思ったので。

旭橋…美しいアーチが特徴の旭川のシンボル。豊平橋、幣舞橋と並ぶ北海道3大名橋の一つ。初代旭橋は1904（明治37）年に誕生。現在の旭橋は、1932（昭和7）年に架け替えられた2代目。

芥川龍之介…1892（明治25）年、東京生まれ。特に短編小説に真骨頂を発揮した。1927（昭和2）年5月、出版社の改造社が企画・主催した北海道での文芸講演の一環で、作家仲間の里見弴とともに旭川を訪れた。その2か月後、東京の自宅で服薬自殺する。

塔崎健二（1944－1995）

〈「詩人俳優」・「塔崎健二を追む　時間の焔―無神の空」掲載・1997年〉

どうやら塔崎に〝文学〟を感じたのは筆者だけではなかったらしい。周りが一様に認めるその塔崎独特の〝資質〟は、やはり彼の生い立ちに起因していると思われる。

【学芸大生から「河」へ】

塔崎は、本名内藤《ないとう》昭《あきら》。1944（昭和19）年に、道東の厚岸郡浜中村（現浜中町）で誕生している。

父親の転勤に伴い道内のいくつかの町で暮らしたあと、1959（昭和34）年に網走南ヶ丘高校に入学。詳細は不明だが、演劇には中学生の時に出会い、舞台を踏む経験もしていたようだ。62年、北海道学芸大学旭川分校（現北海道教育大学旭川校）に進学。中学課程国語科の専攻だった。

この十代後半の多感な時期、彼は両親を相次いで亡くしている。後述する著書の中で、18歳頃に作った詩を紹介するとともに、こう書いている。

死の床に添寝して想う

死は死です　生は死です
午後のサイレンが鳴り出すと
目茶苦茶に疾走するのです
同じ速さで　呼吸で
ほんのスキが問題です
生か死かそれが問題です
黒絹のゴールが裂かれると
ぶっ倒れるのです
ある胸は鮮血が華かです
ある胸は純白のシーツです
生か死かそれが問題です
高らかに閑古鳥は鳴きわめき
風は木の枝を身ぶるいさせ
桜の花は高い空にひるがえり
砂けむりの中に陽は照るのです
そして宇宙がおごそかに衣を着ると
すべての物が動き

すべての物がうつろうのです
午後のサイレンは今も鳴っています

詩とは言えぬ拙い代物だが、ともかくこの時彼（筆者注＝塔崎自身のこと）は或る危うい境に立っていた。続けざまに訪れた最も親しいものの死は、彼をしたたかに打ちのめし、深淵を垣間見させ、人間であることの荒涼たるむなしさが一挙に彼の全身を襲っていた。この両親の死の事実というぬぐいきれぬ衝撃をくぐり抜けない限り、彼の出立は常に空隙をもってしまう。空隙とはいわば生きることを放棄する感覚を指す。耐えるか、放棄の衝動に一直線に進むか。この危うい境で彼はこの詩を書いた。

〈塔崎健二「小熊秀雄論―原型期の位相」・1972年〉

大学時代

生と死という根本的な問いに若くして直面するという体験が、塔崎をして深く思索する人にさせたのかもしれない。彼と交流した人の多くが、温かい人柄の一方、「若くして大人びていた」、「年下なのに、兄か先生のような」、「どこか達観した」といった印象を述べている。

そうした塔崎の個性は、俳優としての資質に深みを与えたようだ。仲間と学生劇団「葦」を結成したのは大学3年の時。旗揚げ公演は、**J・P・サルトル**作の「**墓場なき死者**」だった。翌年には、前章で紹介した蜷川幸雄構成演出のコラージュ作品「ヴォルフガング・ボルヒェルトの作品からの九章」の中核となった戯曲「戸口の外で」を上演し、主人公を演じている。

友人が、この舞台について書いている。

> 彼（筆者注＝塔崎）は主役の復員兵ベックマン。長髪をバッサリと切り落し、**GI刈り**で登場。敗戦後のドイツの荒地に立った復員兵が戸口の内側に戻ることを許されず、外を彷徨する話だ。（中略）
>
> 後日、コキおろしで恐れられた市演劇協会の合評会で、演出のN氏は逃げて欠席していたが「内藤（筆者注＝塔崎）ベックマンの演技力にはただただ感心するばかりだった」の激賞も聞かれた。
>
> 高校演劇と**アジ演説**で鍛え抜いていた彼の声は、公会堂の隅の席まで楽々と響き渡り、他の役者と圧倒的な力量の差を見せつけていた。
>
> 〈諸本昌「荒野にて—内藤昭　追悼—」・「塔崎健二を悼む　時間の焔—無神の空」掲載・1997年〉

第1章で述べたように、このころ学芸大の教授でもあった「河」の当時の主宰者、

J・P・サルトル…1905（明治38）年生まれのフランスの文学者、哲学者。第二次世界大戦後、実存主義を提唱する。小説「嘔吐」、戯曲「蝿」、哲学書「存在と無」など多数。

「墓場なき死者」…第二次世界大戦末期のフランスのレジスタンスの人びとを描いたJ・P・サルトルの第3作目の戯曲。1946（昭和21）年11月、パリで初演された。

GI刈り（GIカット）…GIはアメリカ兵の俗称。ヘルメットをかぶるのに都合が良いようサイドを短く刈り上げたヘアスタイル。

アジ演説…アジはアジテーション（扇動）の略。アジ演説で人を扇動することを「アジる」とも言った。

和久俊夫に誘われ、盟友となる星野由美子らとの交流が始まっている。

このあと経緯は不明だが、塔崎は大学を中退。１９６６（昭和41）年には、正式に劇団員として「河」に参加し、業界紙などで働きながら活動を続けた。

「河」ではすぐに頭角を現し、入団2年目の67年11月の「蛙昇天《かえるしょうてん》」（木下順二作・和久俊夫演出）では、早くも主役を演じている。

俳優としての塔崎は、〝文学の香り〟という特徴のほか、諸本の回想にあるようなよく通る声と、地面をがっしりと踏みしめるような立ち姿で、舞台映えのする役者だった。

「蛙昇天」で主人公を演じる（1967年）

前述のNHK旭川放送局制作の「ほっかいどう７３０ 仲間たちの小劇場」では、稽古場で熱演する塔崎の姿が確認できる。他の俳優よりも頭一つほど背が高く、体格も良い塔崎はひときわ目立ち、やはり主役向けの俳優であったと感じる。

66年の入団以降、塔崎は女優のみが登場する「楽屋」を除くすべての作品に俳優として出演している。

池の内にじ子は、「私の入団のきっかけは、高校生の時、『河』の芝居を観て、内藤さん（筆者注＝塔崎のこと）と共演したいと思ったことだっ

「蛙昇天」…シベリア抑留者の帰国を巡るいわゆる「徳田要請問題」で、国会で証言した菅季治が自殺した問題を受けて、１９５１（昭和26）年、木下順二が発表した戯曲。背景を含め、すべてが蛙の世界の出来事として描かれている。翌年、木下と山本安英らが結成した「ぶどうの会」が初演。

た。内藤さんの存在感、演技には独特のものを感じた。多く共演するようになってからは、どこか醒めたような、もう一人の自分を俯瞰しているような、うすーい膜のようなものを感じたことがある」と語っている。

なお塔崎には、俳優としてテレビドラマに出演した経歴がある。作品はフジテレビ系列で放送された倉本聰脚本の「**北の国から**」である。「河」と交流のあった倉本のオファーで出演が決まり、主人公である**田中邦衛**《たなかくにえ》扮する黒板五郎《くろいたごろう》の友人で、富良野在住の酪農家、吉本辰巳《よしもとたつみ》を演じた。

「るつぼ」でジョンを演じる（1968年）

塔崎が出演したのは、1981年10月から翌年3月までに放送された連続ドラマ（24回）のうち11回と、83年3月放送のスペシャルドラマ「北の国から'83冬」、および84年9月の「北の国から'84夏」である。

塔崎演じる辰巳は、家族思い、仲間思いで五郎から厚い信頼を持たれている人物である。塔崎は飾らない土着の男を好演した。**熊谷美由紀**《くまがいみゆき》（現在は松田）扮する妹のつららの家出をめぐるシーンでは、原因を作った**岩城滉一**《いわきこういち》扮する準主役の北村草太《きたむらそうた》を殴るシーンで熱演を見せた。

なお連続ドラマ版の「北の国から」の第7話には、五郎の息子、純（**吉岡秀隆**《よしおかひでたか》）が、

「北の国から」…倉本聰のシナリオによる富良野を舞台にしたテレビドラマ。1981（昭和56）年10月から翌年3月まで連続ドラマとしてフジテレビ系で放送されたあと、1983（昭和58）年から2002（平成14）年までスペシャルドラマが放送された。

田中邦衛…1932（昭和7）年生まれの俳優。「俳優座」、「安部公房スタジオ」を経てフリーとなる。映画「若大将」シリーズで、主役の加山雄三のライバル「青大将」を演じて注目される。

熊谷（松田）美由紀…1961（昭和36）年生まれの女優、写真家。夫は俳優の故松田優作。長男の松田龍平、次男の松田翔太もともに俳優。同じく俳優の熊谷真実は姉。「北の国から」では、五郎の友人、吉本辰巳の妹、つららを演じた。

岩城滉一…1951（昭和26）年、東京生まれの俳優。1975（昭和50）年、映画「新幹線大爆破」でデビュー。「北の国から」シリーズでは、主人公、五郎の親戚の青年、北村草太を演じた。

「鴉よ、おれたちは弾丸をこめる」で検事を演じる（1972年）

「二都物語」でドクター袋小路を演じる（1973年）

森の中から現れる讃美歌隊の夢を見るシーンがある。隊列の先頭には、ローソクを手にした父五郎と母の令子（いしだあゆみ）、妹の蛍（中《なか》嶋《じま》朋《とも》子《こ》）がいた。星野によると、このシーンは「ふらぬい山房」の敷地内で撮影され、讃美歌隊には「河」のメンバーも駆り出されたという。

【演出家としても】

一方、塔崎は、前述した「河」の座付き作家としての顔のほか、演出家としても劇団の舞台創造を支えた。

初の演出は、１９７３（昭和48）年11月の唐十郎作の「二都物語」である。すでに触れたように、この作品は74年８月から75年６月にかけてと、84年10月から11月にかけても上演されており、いずれも演出は塔崎が担った（84年の公演は池の内とのダブル演出）。

このほか塔崎は、「楽屋」（78年３月〜81年９

吉岡秀隆…１９７０（昭和45）年生まれの俳優。５歳から子役として活動する。11歳からは「北の国から」シリーズで、主人公、五郎の長男、純役を務める。その後も映画、テレビドラマに出演多数。

いしだあゆみ…１９４８（昭和23）年生まれの歌手、女優。歌手としては、１９６４（昭和39）年にレコードデビュー、１９６９（昭和44）年には「ブルー・ライト・ヨコハマ」が大ヒットする。その後は徐々に俳優としての活動が主となった。「北の国から」では、五郎の別れた妻、令子を演じた。

中嶋朋子…１９７１（昭和46）年生まれの俳優。４歳から子役として活動。10歳から22年間に渡り、「北の国から」シリーズで主人公、五郎の長女、蛍を演じる。テレビ、映画のほか、舞台作品の出演も多く、２００５（平成17）年に上演された清水邦夫作の「幻に心もそぞろ狂おしのわれら将門」の舞台（蜷川幸雄演出・「シアターコクーン」）では「ゆき女」を演じた。

月）、および85年5月に上演した石澤冨子《いしざわとみこ》作の「木蓮沼《もくれんぬま》」でも演出を担当している。

このうち「楽屋」については、「鴉よ…」の時と同じく、作者の清水邦夫が旭川を訪れて演出助言に当たっている。清水を迎える直前に書かれた塔崎の文章が残されている。

現在、高校演劇から始まって、プロ、アマを問わず一番作品が上演されている作家は誰か、と問えば皆一様に清水邦夫の名をあげるらしいが、それほどに人気があるのは、その見事な作劇術と、なにより時代と相渉る根源的な感性、したたかな、そして苦渋を秘めた作家姿勢が激しくわたしたちを撃つためと思われる。「流れ去るものはやがてなつかしき」というホイットマンの詩句による副題を持つ「楽屋」も又さりげない会話のなかに独特のユーモアをちりばめつつ、いつのまにかギューと胸をしめつける切なさにわたしたちを追い込む。（中略）

昔、荷風山人が出没した楽屋には踊り子の官能が渦を巻いていたが、わが「楽屋」にはどうであろうか。人生は一つの舞台である、という古諺を借りるなら、わたしたち一人一人はその舞台ですりかえのきかない一回性の芝居を演じているのだろう。では人生に於ける楽屋とはなんであろうか。問いは果てしない。まもなく清水さんが来よう。迎え撃つ準備を怠るまい。

〈「『楽屋』の楽屋裏」・月刊「旭川春秋」1978年2月号〉

石澤冨子…1931（昭和6）年、函館市生まれの劇作家。1976（昭和51）年、「琵琶伝」で第20回「新劇」岸田戯曲賞受賞。夫は「青年座」の演出家、石澤秀二。

「木蓮沼」…1976（昭和51）年、大間知靖子の演出により、「てあとる・ぽいえお」が東京豊島区にある池袋シアターグリーンで初演した石澤冨子の戯曲。

（ウォルター・）ホイットマン…1819年生まれの、アメリカを代表する詩人。韻律の約束事に縛られない「自由詩の父」と呼ばれた。代表作の「草の葉」は、1892年の死の直前まで改訂が加えられた。

荷風山人…「すみだ川」、「濹東綺譚」、「断腸亭日乗」などで知られる1879（明治12）年生まれの小説家、永井荷風のこと。荷風は金阜山人、断腸亭主人など多くの号を名乗った。

なお塔崎の戯曲作品については前章で紹介したが、改めて作品リストをここに掲載しておく。

＊「氷河のようにかえりゃんせ」　１９７７年６〜７月　河原館
＊**「シンデレラ物語―漂流巨海篇―」**　１９８０年（上演はされず）
＊「赤ずきんちゃんの冒険」　１９８１年１月〜83年９月　旭川市公会堂ほか
＊「まぼろしよ、まぼろしたちよ―青い鳥幻想」　１９８２年９〜11月　札幌駅裏８号倉庫ほか
＊「吹雪物語」　１９８４年２月　旭川市民文化会館
＊「６日しばれて６日ふぶく」（「吹雪物語」を脚色したラジオドラマ）　１９８４年２月25日　ＮＨＫで全道放送

「シンデレラ物語―漂流巨海篇―」…１９８０（昭和55）年に塔崎健二が書いた２作目の戯曲。上演はされなかった。

【生涯をかけた小熊研究】

一方、塔崎の足跡をたどるうえで、忘れてならないのは、詩人、小熊秀雄の研究である。

学芸大で国語科を専攻したように、文学への関心は早くからあり、大学４年のときには、友人と学生寮誌「黎明《れいめい》」を創刊。塔崎健二のペンネームで、「文学論ノート

「(Ⅰ)」とする評論を載せている。ちなみにペンネームのうち塔崎は〝屹立する〟イメージから取り、健二《けんじ》は愛した詩人、宮沢賢治《みやざわけんじ》から取ったという。

塔崎は、「河」への参加後も、劇団活動と並行して小熊の作品と思想に真正面から向き合う作業を一貫して続けた。

その第一の成果が、1972(昭和47)年、劇団内のミニコミ誌「劇と評論」に発表した「小熊秀雄論　原型期の位相」である。この論文は、のちに創樹社の「小熊秀雄全集」の別巻「小熊秀雄研究」(1980年11月刊行)に収録されることとなる。

また1977(昭和52)年から82年にかけては、前述の松島東洋らと創刊した同人誌「寒寒計《かんかんけい》」を舞台に、「小熊秀雄論(Ⅱ)『偉大な自然人的間抜け者』の位相」の序章から四章までを発表。これらの小熊論は、1993(平成5)年、未発表論文と合わせて私家版の評論集「灰色に立ちあがる詩人　小熊秀雄研究」にまとめられ、さらに5年後、復刻の上、「旭川叢書　第24巻」の同タイトルの評論集として旭川振興公社より刊行された。

旭川叢書版の「灰色に立ちあがる詩人　小熊秀雄研究」の巻末に載せられた「監修のことばに代えて」は、「河」の活動などを通して塔崎と親交のあった高野斗志美が書いている。

高野斗志美（1929－2002）

「寒寒計」に小熊秀雄論(Ⅱ)の四章までを

宮沢賢治…1896(明治29)年、岩手県生まれの詩人、童話作家。農学校の教師として、教育に情熱を傾けるかたわら、多くの詩や童話の創作を続けた。生前に刊行されたのは、1924(大正13)年の詩集「春と修羅」と、童話集「イーハトヴ童話注文の多い料理店」だけだったが、没後に草野心平らの努力で広く知られるようになった。1933(昭和8)年、37歳で死去。旭川には、1923(大正12)年、樺太への旅行の途中に立ち寄っている。

「寒寒計」…塔崎健二、石川駿夫らが、1977(昭和52)年7月に刊行を始めた同人誌。第8号まで発刊され、詩、小説、評論などが掲載された。表紙は星野由美子の妹で、「河」のメンバーでもあった画家、高橋三加子が担当した。

発表していく期間（一九七七〜一九八二）は、塔崎健二が三三歳から三八歳へと年齢を刻んでゆくそれであり、その持続力におどろかされるが、二八歳（一九七二）のときにはじめて書いた「小熊秀雄論　原型期の位相」をふくめてみると、＜書くひと＞塔崎健二の精神的面目の躍如たるを覚えるとともに、その思想的格闘の一貫した軌跡に瞠目しないわけにはいかない。（中略）

　それは、昭和詩史の天空に**中野重治**らとともに燦然（さんぜん）とかがやく異才の詩人・小熊秀雄の人と詩と思想を根底から照射するきわめて鮮烈でユニークな論考の出現と言えた。全生涯をかけて小熊秀雄と熾烈な対話を続行した者の思想的格闘は、ついにここに、固有な思惟と言葉によって小熊秀雄の世界を現在に目撃させる方法をひきよせることに成功した。これは同時に、小熊秀雄との対話を思惟の糧として現実と相い渉ってやむことがなかった塔崎健二のすぐれた生の記録そのものである。

〈「灰色に立ちあがる詩人　小熊秀雄研究」・1998年〉

　このように高野が書いている「生の記録である小熊研究」は、塔崎自身が小熊についての文章を書くに当たり、自ら宣言していることでもある。

　「小熊秀雄論　原型期の位相」の「序」の中で、塔崎は、両親の死に伴う無常観に心を支配される

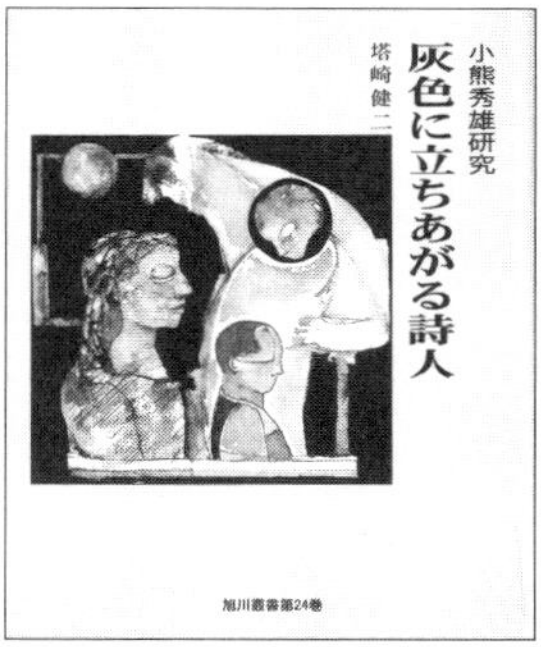

著書「灰色に立ちあがる詩人
小熊秀雄研究」

中野重治…1902（明治35）年、福井県生まれの小説家、詩人。戦前はプロレタリア文学運動の中心人物として活動。戦後は「新日本文学」の創刊に加わった。旭川ゆかりの詩人、今野大力や小熊秀雄とも交流があった。

中、ある詩人の言葉に出会い、そこに光を見出したと書いている。

さりげなく自身のかかえた**アポリア**に衝迫することを避け、無常の意識によって距離の感覚をもつことにより身をそらせようとしながらも、だが内部にぽっかりと穿たれた空洞を塡めることを彼（筆者注＝塔崎自身を指す）はできない。彼の精神はいびつで、みてしまったものを消すことができず、しかも彼固有の生きる理由がないということも事実であった。そして彼はある詩人の言葉に遭遇する。

―虚無は何も生むことをしない。僕はこれを熟知するためにどんなに長く滞っていただろう。僕は再び出発する。何かを為すために。この世には為すに価する何物もないように、為すに価しない何物もない。それで僕は何かを為せばよいのだと考える―

やがて青年（筆者注＝自身のこと）は彼の精神の黙示録を綴ることに精を出した。これはその青年へのささやかな、ぼくの贈る断章である。

〈小熊秀雄論　原型期の位相」・1972年〉

この「虚無は何も生むことをしない」で始まる言葉は、塔崎が敬愛した吉本隆明の言葉である（**「初期ノート・エリアンの感想の断片」**より）。塔崎にとって、小熊との

アポリア…ギリシャ語で「行き詰まり」を意味し、哲学用語で「難題」、「難問」を指す。

「初期ノート・エリアンの感想の断片」…「初期ノート」は、終戦を挟む1940年代から50年代初めにかけて、若き日の吉本隆明がノートに書き綴った、自らが「独語」と呼んだ文章の数々をまとめたもの。「エリアンの感想の断片」は、1950（昭和25）年に書かれた「箴言Ⅰ」の一部。

対話とは、まさに吉本の言葉によって照らされた道、〝為せばよい何か〟であったことが分かる。

そして、時には傷つけ合いながら、〝他者〟とともに築き上げる「演劇」という行為も、塔崎にとってのもう一つの照らされた道だったと考える。

【塔崎と星野】

「河」のオリジナルメンバーである星野は、人生で最も影響を受けた人物について、和久俊夫と塔崎をあげる。ともに星野と伴走しながら劇団を支えた〝盟友・戦友〟である。

小熊秀雄詩碑の前で詩を朗読する塔崎

この星野と塔崎の資質の違いがうまくかみ合って劇団の推進力となっていたと語るのは、松井哲朗である。筆者が、「河」の舞台の質を支えていたものは何だったと思うかと尋ねると、こう答えた。

自分は「河」が活動を停止した後、東京でしばらく暮らしたが、その時期に観たさまざまな劇団の舞台と比べても、「河」の舞台は遜色なかった。そうした高い水準を支えていたのは、芝居にかけるおばちゃん（星野のこと）の情熱と、劇

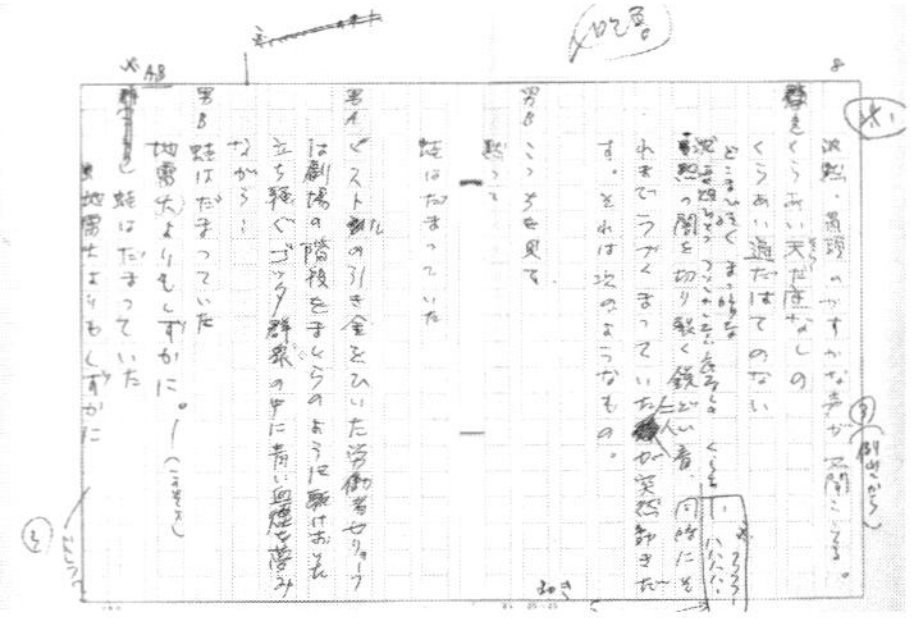

生原稿（詩と劇に架橋する13章）

団の方向を論理づけた内藤さんの理性が、うまくかみ合った結果だったと思う。

〈松井談〉

感覚派で熱いハートの星野と、理論派で醒めた目線も持っていた塔崎。この2人が先導していた劇団「河」は、70年代後半に入り、ある戯曲と出会うことで全国の演劇関係者にその名を知られるようになる。

【第12章】

「将門」初演

【上演できなかった戯曲】

「どこを見てる！」、「聞いてないのか！」

突然、いらだった声が部屋に響いた。

スタッフを入れると、20人ほどいただろうか。映画のストップモーションのように、誰もが固まり、息をつめた。

その視線の先には、自身の新作戯曲の舞台化のため、数日前から旭川に入っていた劇作家がいた。

…清水邦夫。

ふだん彼は小声で話す。そんな彼が発した叱咤の声。

驚きと戸惑い、そして息苦しくなるほどの緊張感。と同時に、劇団員たちは自分たちが挑もうとしている舞台が、さまざまな意味で〝ある重さ〟を担っていることを改めて自覚させられていた。

左から北門真吾、塔崎健二、池の内にじ子

「河原館」という劇団の拠点を確保し、清水邦夫、唐十郎作品に加え、オリジナル脚本による舞台創りを行っていた「河」は、1976(昭和51)年春、それまでの蓄積の成果を問う大きな機会を手にする。

北海道新聞はこう伝えている。

喫茶店兼劇場河原館を拠点に、ユニークな活動をしている旭川の劇団「河」が、清水邦夫作の**「幻に心もそぞろ狂おしのわれら将門」**を十五日旭川、続いて二十二日札幌でも上演しようと、作者自身を演出者に招いて、最後の仕上げを行っている。

〈北海道新聞夕刊・1976年5月11日付〉

「幻に心もそぞろ狂おしのわれら将門」…1976(昭和51)年5月、作者自身の演出により、劇団「河」が旭川市民会館小ホールで初演した清水邦夫の戯曲。再演は、78年、赤石武生演出により、劇団「レクラム舎」が渋谷西武(現パルコ)敷地内テントで行った。さらに蜷川幸雄演出の舞台が、2005(平成17)年に「シアターコクーン」で上演されている。

「幻に心もそぞろ狂おしのわれら将門」は、清水が蜷川幸雄らとの「櫻社」の解散から1年後の1975（昭和50）年に書き上げ、妻の松本典子や**山﨑努**、石橋蓮司、**緑魔子**らと結成した新しいグループ、「**風屋敷**」で上演する予定だった作品である。

ところが「風屋敷」は、「俳優座養成所」を経て「民藝」に所属した松本、及び松本の養成所時代の同級生である山﨑といった新劇出身のメンバーと、清水が「現代人劇場」、「櫻社」でともに舞台創りを進めてきた石橋や緑ら小劇場出身のメンバーとの衝突によって空中分解。公演は初日の10日前に中止という異例の展開をたどる。

これについて清水はこう回想している。

今ふり返れば、いちばんの問題点はあれだったですよ、新しく加わった人たち（筆者注＝松本・山﨑ら）の演技体質と、旧「櫻社」の演技体質との違いを、演出のぼくがうまくいい方向へもっていけなかったということ。もう少しドロドロしたものがあったが、時間がたつとやはり表現の問題が浮かび上がってくる。ただ、質は違うものを、何かうまい具合に。たとえば弁証法的にいいものが生まれないかという狙いもあったわけです。結局はどっちの演技体質に軍配をあげるかということが迫られたわけです。そしてそれは単純に演技だけの問題じゃなくなっていく。しかし僕は、最初の狙いがそうだっていうように、どちらかに軍配をあげるくらいならば、この試みは失敗なわけです。あげたらどどちらかを切らなくちゃ

山﨑努…1936（昭和11）年、千葉県生まれの俳優。「俳優座養成所」、「文学座」、「劇団雲」を経てフリーとなる。黒澤明の映画「天国と地獄」の誘拐犯役で注目を集めるなど、映画、テレビでも活躍している。

緑魔子…1944（昭和19）年生まれの俳優。1964（昭和39）年に、映画「二匹の牝犬」でデビュー。1976（昭和51）年、夫の石橋蓮司らと劇団「第七病棟」を結成。映画「やさしいにっぽん人」、「あらかじめ失われた恋人たちよ」など出演多数。

「風屋敷」…蜷川幸雄らとの「櫻社」の解散から1年後、劇作家、清水邦夫が、妻の松本典子、山﨑努、石橋蓮司、緑魔子らと1975（昭和50）年に結成した劇団。清水の新作「幻に心もそぞろ狂おしのわれら将門」を上演する予定だったが、内部対立により空中分解、一度も上演を行わないまま解散した。

ならない。実に無理なことをやっていたんだということは、後でわかりました。

〈「清水邦夫―家庭劇の力」・扇田昭彦編「現代演劇は語る　劇的ルネッサンス」掲載・１９８３年〉

【「河」が初演へ】

こうして宙に浮いてしまった新作「…将門」の公演。そうした中、思いがけず持ち上がったのが「河」による上演だった。

きっかけは、星野の上京だった。東京で清水と会った星野は、「風屋敷」で上演する予定だった新作が、劇団の空中分解によって上演できなくなった経緯について清水が語るのを聴いていた。

「それにしても、せっかくの新作が上演できないとはもったいない」と星野が言うと、清水が思いがけない台詞を吐いた。

「星野さんが『河』で上演したいというのなら、やってもいいよ」。

第一線で活躍する劇作家の新作を、地方のアマチュア劇団が初演するというのは、いまも昔もきわめてまれなことである。星野からことの経緯を聞いた劇団員は色めき立った。

是非上演したいというプロ劇団からの申し出をすべて断り、あの「鴉よ…」をやった「河」なら―と、清水さんは上演を承諾してくれたと聞いた。いわくつきの大作を劇団「河」が上演するというのだから、喜びの一方、おののくような気持ちだった。

〈池の内回想〉

さらに清水本人も演出のため、旭川を訪れることが決まった。「鴉よ…」の時は演出助言だったが、この時はさらに深く「河」の舞台創りに関わることになった。このため演出助言ではなく、「演出＝清水邦夫」と明記された。

塔崎健二（左端）

【「…将門」と連合赤軍事件】

「…将門」は、敗走する平安の反逆児、**平将門**《たいらのまさかど》とその一行を描いた群像劇である。朝廷から派遣された藤原秀郷《ふじわらのひでさと》らの追撃から逃げる途中、頭にけがを負った将門は、自らが将門をつけ狙う武士であると思い込む狂気に取りつかれる。将門の幼馴染でもある参謀役の豊田郷《とよだごう》ノ《の》三郎《さぶろう》と、将門の妻、桔梗《ききょう》の前《まえ》は、次々と影武者を立てては捨て駒にし、窮地からの脱出を図る。

作品の舞台は平安時代だが、書かれた時代背景を

平将門…平安時代中期に、関東を拠点にした武士。939年に平将門の乱を起こし、関東の制圧に乗り出すとともに、「新皇（新しい天皇）」と称して独立を宣言した。これに対し朝廷は討伐のため藤原秀郷らを派遣、将門は朝敵として討たれた。

考えると、連合赤軍に代表される70年代前半の政治闘争の行き詰まり、敗北を下地にした戯曲と見ることが可能だ。

この作品は、「河」の初演の2年後に、清水とつながりの深かった東京の劇団「**レクラム舎**」が上演したほか、１９９４（平成６）年には、**石澤秀二**《いしざわしゅうじ》の演出で「**青年座**」が、また２００５（平成17）年には、東京渋谷の「**シアターコクーン**」の芸術監督だった蜷川幸雄（そもそも将門をテーマに戯曲を書くよう清水に勧めたのは彼だった）が演出し、同劇場で上演している。

このうち蜷川の公演はテレビの劇場中継で放送されたあとＤＶＤ化されていて、舞台の様子を知ることができる。冒頭のシーンでは、バックにあさま山荘事件をイメージする振り子のような鉄球のシルエットが映し出され、追っ手の藤原軍との戦闘シーンでは、ヘリコプターやライフルの音が鳴り響く。三郎はアジ演説をし、将門の頭上には投石の雨が降りかかる。後半の舞台にオブジェのように置かれた仏像は、２体が縄で縛られ、1体は天井から逆さ吊りにされている。作品のイメージを限定してしまうことに賛否はあろうが、そこには「総括」の名のもとに死に至るリンチを受けた連合赤軍のメンバーの姿が透けて見える。

【連合赤軍事件の衝撃】

少し本論とは離れるが、ここで連合赤軍事件、特に山岳ベース事件について少し触

「レクラム舎」…１９７６（昭和51）年、小松幹生作、赤石武生演出の「雨のワンマンカー」によって旗揚げした劇団。以来、国内外の幅広い劇作家の作品を上演している。代表作に、第22回「新劇」岸田戯曲賞を受賞した劇作家、ちねんせいしん作の「人類館」などがある。

石澤秀二…１９３０（昭和５）年、東京生まれの演劇評論家、演出家。雑誌「新劇」編集長を経て、桐朋学園大学短期大学部教授、劇団青年座文芸部長などを歴任した。

「青年座」…１９５４（昭和29）年、森塚敏、東恵美子、初井言榮、山岡久乃ら10人の俳優によって創設された劇団。矢代静一、宮本研、マキノノゾミ、永井愛ら多くの劇作家とともに、多彩な創作劇を上演している。

「シアターコクーン」…１９８９（平成元）年にオープンした東京渋谷にある東急グループの複合文化施設「Bunkamura」にある劇場。客席数は７４７席。初代の芸術監督は串田和美が、２代目は蜷川幸雄が務めた。

れておきたい。事件が社会に与えた衝撃の大きさを反映し、この事件は数多くの小説や映画などで扱われているが、当時の演劇人のなかにも、この事件の意味を自らの問題として捉え、その後の仕事を進めていったものが少なくなかったからである。

山岳ベース事件は、1972（昭和47）年に起きたあさま山荘事件などで逮捕されたメンバーの供述から明らかになったグループ内部のリンチ殺人事件である。犠牲となったのは12人（他に山岳ベース事件以前に、組織を脱走した2人が殺害されている）。彼らは、71年12月から翌年2月にかけ、「**総括**」の名のもとに相次いで厳しい自己改革をメンバーから要求され、長時間にわたる暴行や極寒の屋外での放置によって死亡した。また「総括」は見込めないとして「死刑」を宣告され、仲間の手によって絞殺されたメンバーもいた。

この「総括」だが、連合赤軍では、自らの行為を振り返って過ちに気付き、革命戦士として生まれ変わる行為とされた。閉ざされた山岳アジトの中で、「総括」の要求は次第に厳しさを増し、「人にチリ紙を取らせた」「化粧をした」といった行為が「反革命的」として、徹底的に糾弾された。そして仲間の「総括」を援助するために暴力をふるうことが正当化された。

この間、死亡したメンバーの多くは、自身が死に至る「総括」を求められる以前に、他のメンバーへの暴力による「総括援助」に加わっていた。もちろん抵抗するものもいたが、多くのメンバーは、自らが信ずる「革命」を遂行するため、仲間に暴力をふるい、またされるがままに暴力を受けたのである。

総括（連合赤軍）…本来は物事を取りまとめるという意味だが、左翼団体においては、しばしば闘争（活動）がひと段落したときに、それまでを締めくくるための点検、評価を行うことを指した。連合赤軍では、これがエスカレートし、「真の革命戦士となるために厳しく自己批判、自己反省を行うこと」を意味するようになり、リンチ殺人を肯定化する根拠となった。

事件をテーマにした小説「**光の雨**」を書いた**立松和平**《たてまつわへい》は、対談の中で次のように述べている。

結局、みな時代という電車に乗っていて、どんどん遠くまでいったわけですよ。「遠くまでいくんだ」という吉本隆明の詩が象徴的に語っていますけれど、遠くまでいく電車なんだけど、どこまでいくのかわからない。行き着く先は革命という。革命は理想社会をつくることですから、平等な差別のない、すべての人間が才能を豊かに発現できて、なんら疎外現象のない、しかしながら実際のイメージというのは誰にもわからなかったと思うんです。

それがみな電車に乗って理想社会をめざして出発したんだけれど、一人降り、二人降りしていったわけですよ。ぼくも途中下車した人間だけれども、最後まで乗っていったのが連赤の人たちなんですよ。それで着いたところが殺戮の荒野ですね。そこへいってしまった。論理の正しさを信じて、思想の正しさといってもいい、思想というのは論理で語られるから、その論理の正しさをつきつめていくと仲間を殺した血塗られた場所にでてしまったんですね。

〈横尾和博編「立松和平　文学の修羅として」・1999年〉

この事件は、その衝撃的な結果から、日本の新左翼運動の退潮を決定づける大きな要因となった。ただ自らの身にも降りかかる可能性のある死に至る「総括」要求に、

「光の雨」…連合赤軍事件をテーマにした立松和平の小説。1993（平成5）年から文芸誌で連載が始まったが、中断。5年後に全面的に書き換えて発表された。2001（平成13）年には、この小説をもとにした同タイトルの映画も制作された。

立松和平…1947（昭和22）年、栃木県生まれの小説家。早稲田大学在学中から執筆活動を始め、1972（昭和47）年、「今も時だ」でデビュー。代表作に「遠雷」、「道元禅師」などがある。

なぜ少なくないメンバーが加担し、またなぜその場に止まり続けたのか。当時の多くの若者や知識人は、自身の問題として問い続けた。
劇作家の別役実《べつやくみのる》は、こう述べている。

なぜ途中で逃げ出さなかったのだろう、と、多くの人々は疑問をもつ。しかし、一体、誰が誰から逃げるというのか。誰も、自分から逃げるわけにはいかないのだ。いってみれば、すべてが共犯者なのだ。一瞬でも、その〈場〉に緊張し、そこに緊張することを決意し、それを共有したものは共犯者である。自らを喰いつくし、殺されて、埋められるまで、そこから逃げる理由は成立しない。

〈「連合赤軍の神話」・「別役実の犯罪症候群」掲載・1981年〉

当時、若者の多くはそうだったのだが、若干でも政治闘争に関わったものなら、程度の差はあれ、別役の言う「共犯者」的な思いを持った者は少なくない。それがたとえ「連赤」を否定する結論になったとしても、事件を自身の問題として問い続けた理由であろう。またそれは、最も新左翼の近くで舞台創造をしていた清水邦夫作品の舞台化に取り組んでいた「河」のメンバーにも当てはまるのかもしれない。
池の内は、劇団の稽古場「ふらぬい山房」での合宿中、2階にいた塔崎健二を呼びに行ったとき、彼が寝床の中で天井を見ながら「生き残った連赤の奴らは、独房で、今何を考えているのかな」とぽつりとつぶやいたことを、今でも記憶しているという。

【「河」による「…将門」上演】

話を「…将門」に戻そう。

「河」の「…将門」は、登場人物が多いことなどから、「河原館」ではなく旭川市民文化会館小ホールで上演することが決まった。さらに札幌公演も行うことも決まり、2月から稽古に入った。

清水は妻の松本とともに5月上旬に10日間ほど旭川を訪れ、「河」自身が稽古で積み上げてきたものをベースに演出を行った。また旭川と札幌での本番にも立ち会った。

旭川での清水邦夫

「河」の舞台では、将門を北門真吾が、豊田郷ノ三郎を塔崎が、弟の五郎をふじきまことが演じた。また三郎、五郎の妹のゆき女《じょ》を池の内が、桔梗の前を星野が演じた。

本稿のために、清水による演出の模様を池の内が詳しく回想してくれた。

狂気の将門が正気に戻る時の長さ、間の取り方、主要な役者の位置取り（将門と三郎、将門と桔梗、三郎とゆき女）、役者たちの登場と退場。〝原作者〟の指示は的確で、その通りに動くと劇空間が拡がり、深まったことを記憶している。

〝本邦初演〟ということもあり、星野、内藤（塔崎）はもとより、劇団の中には下手な芝居は見せられないという緊張感のような気負いがあった。清水さんも前回（「鴉よ…」の演出助言のこと）とは違い、もう一歩踏み込んだ演出だった。

個人的には、次々と出される指示に私はついてゆけず、清水さんにしてはとても大きな声でダメ出しをされた。その声が今も耳に残っている。

また松本典子さんは、「風屋敷」の稽古の時は、ゆき女を演じていたこともあり、間の取り方、目線、気になった台詞まわし等、細かく口移しで教えてくれた。

〈池の内回想〉

「河原版」号外・将門特集号

物腰の柔らかい清水が大声を出したという話は、それだけの水準の演技を俳優に期待し、またできると信じていたことの表れだろう。さまざまなトラブルを乗り越えて、初演の舞台を「河」に託した劇作家の思いが伝わってくるエピソードである。

一方、将門を演じた北門真吾こと志田陽一も、この作品で忘れられない経験をしている。

志田は、北海道教育大旭川校で劇団「葦」に参加したことから「河」との関わりが始まり、「鴉よ、おれたちは弾丸をこめる」の青年B、「ぼくらが非情の大河をくだる時」の弟、「海の牙—黒髪海峡篇」の**梅原北明**《うめはらほくめい》などを演じた「河」の中心俳優の一人である。

採用試験には受かっていたが、芝居にのめり込んでいたため、転勤のある教員にはならず、旭川市内の民間会社に就職した（「河」には、教育大旭川校出身者が多いが、志田のほかにも教員にならなかったメンバーが多い）。さらに配置換えで残業が多くなったとしてその会社も辞め、当時、旭川西武に出店したばかりの星野の美容室に勤めることで「河」の活動を続けた。

その志田が演じた将門は、先に述べたように、敗走時に負った頭の傷が原因で自分が将門を追っている武将だと思い込んでいる。しかも彼は、舞台の中盤でいったん正気を取り戻し、その後また狂気の世界に戻る。さらにそもそも将門は虐げられた民衆のカリスマであるが、同時にその期待に応えることのできなかった敗軍の将でもある。

こうした難しい役どころに志田は稽古の途中で行き詰まり、ついに公衆電話から星野に電話をして「役を降ろしてほしい」と伝える。自ら降板を申し出たのは、それが初めてだった。これについて志田は、「それまで演じた役は、何がしか自分の中に役作りをする上での手がかりがあったが、『将門』にはそれがなかった。『将門』が特別な芝居という気負いがあったわけではなく、純粋に役作りの上でどうしてよいか分からなくなった」と話している。

梅原北明…唐十郎の戯曲「海の牙—黒髪海峡篇」の登場人物。実際の梅原北明は、1901（明治34）年、富山県生まれの作家、編集者。昭和初期のエログロナンセンスを代表する出版人で、野坂昭如の小説「好色の魂」のモデルとなった。

結局、周囲の説得もあって、志田は稽古に復帰するが、悩みぬいた末に彼がたどり着いた将門は、他の誰にも演じることのできない志田ならではの将門だった。

その演技を目撃した津野海太郎は、このように書いている。

私は旭川市民会館小ホールの狭い舞台を、はげしくはねまわっていたいくつもの身体—けっして二個や三個にとどまらない—の記憶を、なんどとなく反芻してみた。なかでも印象的だったのは北門真吾の「将門」である。

頭に受けた手傷のために、自分がなにものであるかを忘れてしまった将門が、なぜか終生の敵と思いこんでしまった将門自身を追いもとめる。戯曲を読んだかぎりでは、私にはこの設定がもう一つ信じられない。（中略）ところが旭川の舞台には将門など最初からいないも同然なのである。（中略）かわりに、自分の尻尾に噛みつこうと猛烈な勢いでクルクル回転している、停止するしかたを忘れてしまった自閉症の小犬みたいな青年がいる。ちょっとつまづいただけで、はげしくぶっ倒れ、次の瞬間にはもうバネ人形のように立ちあがって、五メートルほど離れたと

池の内にじ子と塔崎健二

ころで、三分の二ぐらいしか聞きとれぬ、超早口の台詞をまくしたて、一人で勝手に笑っているようなやつだ。それが将門の狂気のたんなる模倣ではなく、癖や歪みもひっくるめて、自分の身体と長期間にわたって格闘してきたことの、おのずからなる結果であるということが、だれにでも納得できる仕組みになっている。

〈「夢は土蔵の…旭川『河原館』について」・「新劇」1976年7月号〉

このように志田らが創りあげた「…将門」は、1976(昭和51)年5月15日に旭川市民文化会館小ホールで、22日に札幌市のSTVホールで上演された。

津野と同様、旭川での初演の舞台を見た朝日新聞記者で演劇評論家の扇田昭彦は、この公演を7段組みという劇評としては異例の長文の記事にして紹介している。

北海道旭川市の劇団「河」(星野由美子代表ら十四人)が、劇作家清水邦夫の戯曲「幻に心もそぞろ狂おしのわれら将門」を、作者自身の演出により、このほど地元で初演し、なかなかすぐれた舞台成果をあげた。他の文化ジャンルと同様、東京中心主義が根強い演劇界だが、この〝異変〟は注目に値する。(中略)

「幻に心もそぞろ狂おしのわれら将門」は昨年五月、書き下ろし新潮劇場として刊行された新作で、同年六月、作者自身の演出で東京で上演されるはずだったが、集団内の内紛のため公演直前に上演中止になったといういわくつきの作品でもある。

上演中止後、作者のもとに東京のいくつかの劇団からこの戯曲の上演申し込みが相ついだが、作者はいずれも断った。しかし、旭川市の劇団「河」から申し込みがあったときは、「この劇団ならやってもらいたい」と了承し、さらにみずから旭川に飛び、約十日間滞在して演出するほどの熱意を見せた。（中略）

しかも、旭川で見た初演の舞台は、スピーディーな緊迫感にとみ、演技レベルもかなり高く、初演の名に値する充実した成果を示していた。

〈朝日新聞夕刊・1976年5月22日付〉

この扇田の劇評は、「…将門」の札幌公演の初日の日の全国版に掲載された。記事の反響は大きく、後日、「河」には、東京の劇場関係者から上演を依頼するオファーが届いたという。ただ多くのメンバーが働きながら劇団活動をしていた当時の「河」には上京して公演を行う余裕はなく、実現はしなかった。

左から塔崎健二、北門真吾

なおこの「河」の「…将門」は、一部分が映像で残されている。旭川公演の本番か通し稽古の模様をファンが家庭用の8ミリフィルムカメラで撮影したものである。残念ながら音声は収録されていないが、志田扮する将門と、塔崎の三郎とのからみのシーンなどが写されており、当時の舞台の一端をしのぶことができる。

２公演目の札幌での舞台が終わった後、立ち会っていた清水は星野に、「これでやっと将門離れができた」と語ったという。

公演のポスター
（石山正己画）

【「河」メンバーにとっての「…将門」】

なお「…将門」は、1994（平成6）年に「青年座」が石澤秀二の演出により上演していると書いたが、この舞台を観た松井哲朗の文章が残されている。この作品についての「河」のメンバーの思いが伝わってくる文章であるので、紹介してこの章の終わりとしたい。

> 狂奔とした政治の季節が深い挫折をもって終焉を告げ、その血と汗の匂いを引き受けたような芝居の世界に、**遅れてきた青年**である私はその芝居の世界に没頭していた。（中略）
>
> 新宿の**ゴールデン街**で当時の噴出する若いエネルギーの一時の休息所としてのスナックを経営していた**佐々木美智子**さんは、その著書「**新宿発アマゾン行き**」の中で〝時代に恋していた〟と書いたが、まさにその頃の自分は時代に恋をして

遅れてきた青年…大江健三郎の小説「遅れてきた青年」の中では、「国を守る兵士として死ぬはずだった戦争（太平洋戦争）に遅れてしまった」という意味で、戦後世代を指す。安保闘争等の激しい政治の季節以後に大学に進学した世代についても使われる。

カーテンコール

いたのかも知れない。
　それらの一連の芝居達の中でも我々の集団に大きな思いを残した作品に「幻に心もそぞろ狂おしのわれら将門」がある。それまでの清水邦夫作の戯曲がそうであるように、この芝居も我々の心情に深いシンパシイをもたらした。ロマンに破れ敗走してゆく集団の人間関係はあり得るかも知れない恐れと、そうはなりたくないという願望とで私を捉えた。必死の思いでやみくもにその将門劇に食い下がっていたあの日々。あれはいったい何だったのか？　今ロマンに挑戦することもましてやロマンに破れることもない時代になって、この将門劇はなにを私たちに呼びかけるというのだろうか？　作者はある作家の言葉として〝人間の犯してきた最大の矛盾、それは殺生をぜったい許さない神仏に祈りながら戦争をつづけたことである。どんな国の歴史を見てもそうだった。祈りつつ殺し、殺しつつ祈る〟と書いている。あの時の心情はそんな客観的な言葉では言い表すことなんて出来る訳もない。それほどせっぱ詰まったような何者かに追われるような自分自身の心情に密接した劇であったのだ。

〈松井哲朗「観劇片々　'94年の３」１９９４年・「風化」96号より〉

ゴールデン街…東京新宿にある飲み屋街。２０００坪ほどの狭い区画に、長屋建ての小さな飲食店が２００軒以上集まっている。文化人が多く集うことで知られている。

佐々木美智子…１９３４（昭和９）年、根室市生まれ。22歳で上京し、おでんの引き売り、日活撮影所編集部勤務を経てゴールデン街など新宿でバーを経営する。この間、写真を学び、日大全共闘を追うほか、ＡＴＧ映画「竜馬暗殺」のスチール写真を担当した。１９７９（昭和54）年にブラジルに渡り、アマゾンで飲食店などを営み、93年に帰国した。

「新宿発アマゾン行き」…佐々木美智子の著書。正式名称は「新宿発アマゾン行き　女ひとり、異国で開いた小さなバーの物語」。東京を離れてブラジルに渡った著者が、波乱の日々を振り返って書いた。

【第13章】

清水作品の追求とアイヌ文化探求

【清水作品の追求】

1976（昭和51）年5月の「幻に心もそぞろ狂おしのわれら将門」の上演後、劇団「河」は、北けんじや塔崎健二によるオリジナル脚本の上演を挟みつつ、清水邦夫の新作戯曲に挑戦する試みを続けた。

「…将門」を含めた「河」による清水作品の上演を年代順にあげると、以下のようになる（年・月は初演時）。

①　72年5月　鴉よ、おれたちは弾丸をこめる
②　74年6月　ぼくらが非情の大河をくだる時
③　76年5月　幻に心もそぞろ狂おしのわれら将門

④ 78年3月　楽屋
⑤ 79年5月　火のようにさみしい姉がいて
⑥ 80年7月　**戯曲冒険小説**
⑦ 83年5月　明日そこに花を挿そうよ
⑧ 86年10月　**一九八二／嫉妬**

このうち「楽屋」は、1981（昭和56）年9月までの3年7か月をかけて、「河原館」を中心に、札幌、滝川、上富良野の各所で23回の公演を行っている。同じく「火のようにさみしい姉がいて」は、81（昭和56）年3月までの1年11か月かけて、やはり旭川と札幌で22回の公演が行われている。2つの舞台は、70年代末から80年代はじめにかけての「河」の定番、代表作と言える。

【「楽屋」と「河」】

この2作品のうち、「楽屋」は、1977（昭和52）年7月、清水らが結成した「木冬社」の第2回公演として、秋浜悟史《あきはまさとし》の演出により、渋谷の小劇場「**ジァン・ジァン**」で初演された。数多い清水の戯曲のなかでも、全国の多くのアマチュア劇団、学生劇団が取り上げるケースが多いという意味で、最もポピュラーな作品だ。

舞台は、アントン・チェーホフの名作「**かもめ**」の楽屋。亡霊になった女優AとB

「戯曲冒険小説」…1979（昭和54）年、藤原新平の演出により、文学座アトリエ公演として初演された清水邦夫の作品。81年には、「レクラム舎」が赤石武生演出により、「ジァン・ジァン」で再演。さらに1999（平成11）年には、清水邦夫、松本典子の演出で、「木冬社」により上演されている。

「一九八二／嫉妬」（「一九八一／嫉妬」）…1981（昭和56）年、藤原新平の演出により、文学座アトリエ公演として初演された清水邦夫の作品。翌年には「一九八二／嫉妬」と改題し、作者本人の演出で、「木冬社」により上演された。

「ジァン・ジァン」…1969（昭和44）年、東京渋谷の山手教会の地下にオープンした小劇場。演劇だけでなく、音楽、落語など多彩な公演が行われた。2000（平成12）年に閉鎖。

「かもめ」…1896（明治29）年初演のチェーホフ作の戯曲。サンクトペテルブルグでの初演は不入りだったが、2年後の「モスクワ芸術座」での舞台は大成功をおさめ、同座の代名詞となった。

がメイクをしながらやってくるはずのない出番に備えている。楽屋に戻った主役のニーナ役の女優Cのもとに、かつてCの**プロンプター**をしていた若い女優Dがパジャマ姿でやってくる。精神を病んで入院していたが、回復したので役を返してほしいと執拗に迫る彼女の頭を、思わず女優Cがビール瓶で殴ってしまう…。

清水は、ある劇場の楽屋で、壁に残るアイロンの焦げ跡を見て、この戯曲を思いついたと書いている。そんな跡は、強い恨みを持った誰かが押し付けなければ残ることはないと想像してしまったそうである。

「河」では、女優Aを池の内が、女優Bを星野の娘である由香子（星空由香子）が、女優Cを星野が演じた。また女優Dは、現在旭川市議会議員を務めている久保厚子《くぼあつこ》をはじめ、加藤理香《かとうりか》、江口洋子《えぐちようこ》の当時の若手劇団員が演じた。

第11章で触れたように、演出は塔崎が担当し、78年の「河」による初めての上演の際には、清水夫妻が演出助言を行っている。

この「河」による「楽屋」について、「河」と交流のあった2人が書いているので紹介したい。

まずは詩人の吉増剛造である。

> 女優の亡霊あるいは舞台のしたの怨霊（おんりょう）の声が幾重にも重層化され、やがて舞台という虚構の場が不思議なよじれをみ

「楽屋」左から星空由香子、池の内にじ子、加藤理香

プロンプター…俳優が台詞や動作などを失念してしまったときに助け船を出す人のこと。通常、その俳優が舞台に出ているときは、そでで控える。経験の浅い俳優などが務めることが多い。

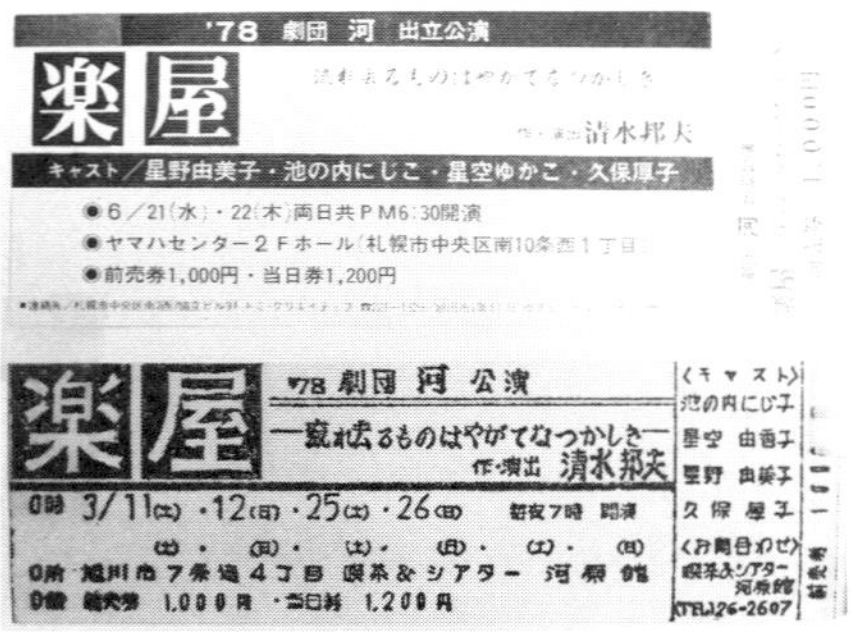

「楽屋」のチケット

「楽屋」のポスター

せはじめる芝居 である。出演は四人の女優。チェーホフの「三人姉妹」、シェイクスピアの「マクベス」の台詞が奈落の亡霊のような影二人、それに加わってゆくもう一人の影、彼女たちの台詞となって、速射砲のようにくりだされてくる。（中略）

その声もしぐさも舞台の底へ底へと、引きこまれてゆく。おそらく演じていた四人の女優さんにも、あるいはこの劇をみに集まった四十人ほどの観客にもみえないもののかたちが、あらわれようとしていたのであろう。

〈「雪の旭川で見た劇団『河』」・北海タイムス・1978年3月28日付〉

また前述のフリースペース「レッドベリースタジオ」主宰の飯塚優子は、70年代から80年代初めにかけての札幌の小劇場演劇の動きを振り返る文章の中でこう書いている。

このころ、清水邦夫「楽屋」をとりあげる劇団が相次いだ。七八年六月に、定

「三人姉妹」…「モスクワ芸術座」に書き下ろされ、1901（明治34）年に初演されたチェーホフの戯曲。地方都市に住む3人姉妹を通して、人生の意義を問い直す名作。

シェイクスピア…1564年、イギリス生まれの劇作家、詩人。四大悲劇「ハムレット」、「マクベス」、「オセロ」、「リア王」をはじめ、「ロミオとジュリエット」、「ベニスの商人」、「夏の夜の夢」など、数々の名作を残した演劇の巨人。

「マクベス」…1606年ごろに書かれたシェイクスピアの四大悲劇の一つ。スコットランドの将軍マクベスが王位を奪うも、王の遺児らに倒されるまでを描いている。

評ある河が札幌ヤマハホールでこの作品を公演しているが、それ以前いちはやくとりあげた海雨が再演。御花女、狂人、御芝居集団と4プラ（筆者注＝4丁目プラザ7階にあった4プラホールのこと）で続き、さらに八一年札教大演研、八二年ペルソナがチャレンジしているが、これまでのところやはり河の八〇年再演時、大谷会館でのものが最高峰のように思う。

〈「さっぽろ文庫25　札幌の演劇」・1983年〉

【「火のように…」と「河」】

一方、「火のようにさみしい姉がいて」は、1978（昭和53）年12月、「木冬社」の第3回公演として、秋浜悟史演出により東京の**「紀伊國屋ホール」**で初演された作品である。

「楽屋」と同じく俳優が主役だが、こちらはお互いに精神が病んでいると思い合っている俳優夫婦が登場する。2人は20年ぶりに夫の故郷である雪国を訪れるが、ふるさとの人びとから何故か執拗に嫌がらせを受ける。誰が言っていることが本当で、何が嘘か、迷路のような展開の中で悲劇が起きる…。

「木冬社」の公演では、主要キャストのうち「男」を山﨑努、「男の妻」を松本典子、「中ノ郷の女」を**岸田今日子**《きしだきょうこ》が演じた。「河」では、それぞれ塔崎、星野、池の内が演じた（演出は星野）。

「紀伊國屋ホール」…紀伊國屋書店の新宿本店ビルにあるホール。1964（昭和39）年のビル竣工と同時にオープンし、数々の映画の上映や演劇の上演が行われてきた。若手の新鋭劇団にも門戸を広げ、「新劇の甲子園」とも呼ばれる。

岸田今日子…1930（昭和5）年、東京生まれの女優。父は劇作家の岸田國士。「文学座」、「雲」を経て、演劇集団「円」の設立に参加した。舞台のほか、映画、テレビドラマに出演多数。2006（平成18）年、76歳で死去。

また「河」の舞台は、旭川で上演されたほか、札幌演鑑の例会でも上演されている。第7章でもふれたが、この公演は、札幌演鑑が初めて地元北海道の劇団を単独で取り上げたものだった。その札幌での舞台について、新聞の劇評はこう書いている。

今度の作品は、「河」が八年前から一貫して取り組んでいる清水作品の五つ目、昨年の旭川公演でも取り上げている。舞台に終始緊張感が維持され、大きな破たんを感じさせなかったのもそのためと言えそうだ。なにより演じる者たちがいちずに芝居に集中して、妙なムラや違和感を生じさせなかった。「火のように―」はシェイクスピアの「**オセロ**」に取り組んでいる中年の役者が、〝疲れ〟を覚えて妻と二十年ぶりに故郷を訪ねる物語。しかし、そこにはいちいち彼の神経をさかなでし、挑発する村人が待ち構えていて、牧歌的色彩のふるさととはほど遠い。（中略）

すべてが男の病んだ魂の幻影の産物と思わせる構えもあって、多面的なかおを持った芝居である。それだけに、難解といえば難解ともとれるし、切り口をどこに求めるかによって、かおの現れ方も変わってくる部分を持っている。し

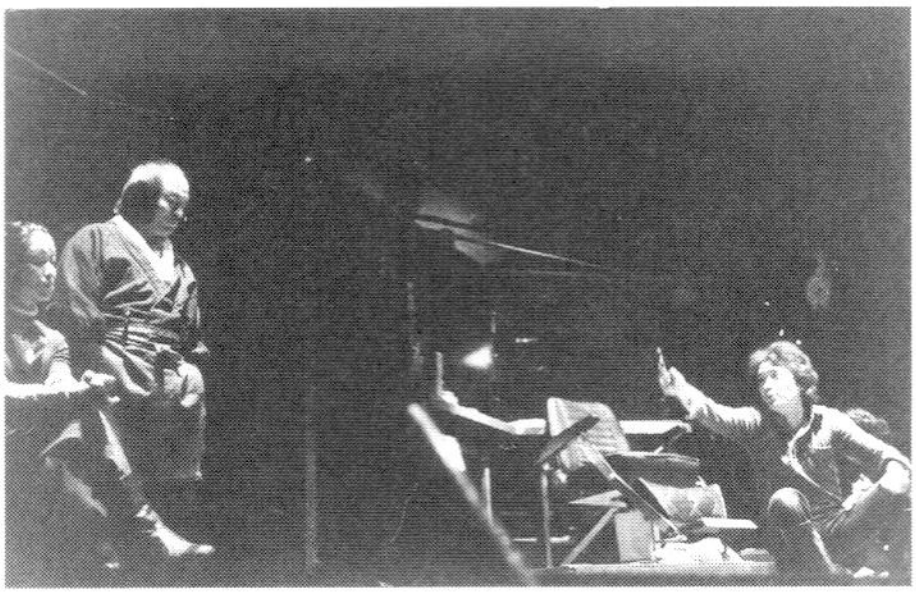

「火のように…」
左から池の内にじ子、小森思朗、塔崎健二

「オセロ」…1602年に書かれたシェークスピアの四大悲劇の一つ。アフリカ出身のヴェニスの軍人オセロが、嫉妬に苦しんだ末、無実の妻を殺害する物語。数多いシェークスピア劇の中でも、とびぬけて上演回数が多い作品。

かし、今回の「河」の舞台では、作品が錯そうとした構成の中に大きく抱えている真と虚といったものへのさまざまなレベルでのこだわりを見逃すまいとする意識が一貫して十分にうかがえた。これを、清水作品を、作家本人との交流を含めて追い求めてきた劇団の営為の真摯(し)さが生んだ成果として受けとめていいのではないだろうか。

〈北海道新聞夕刊・1980年9月30日付〉

「火のように…」カーテンコール（中央は清水邦夫）

「河」では、創立以来、26人の劇作家の、合わせて46の作品を上演しているが、同じ作品を3公演（同時期に行った上演を1公演と数えて）以上したのは、「詩と劇に架橋する13章」を除くと、唐十郎作の「二都物語」と清水邦夫作の「楽屋」と「火のように…」の3作品のみである。なかでも清水作品の2つは突出して上演数が多い。

また「河」が清水作品に取り組んだ期間は、「鴉よ…」上演の1972（昭和47）年に始まり、約15年という長きに渡った。

これについて星野は、『鴉よ…』を上演した時には、まさかこんなに長く清水さんの脚本と格闘することになるとは思ってもみなかった。唐作品の舞台創りが、いろいろな要素をいろいろなところから集めてきて創りあげるような感じだとしたら、清水作品は1点をひたすら掘ってゆく舞台創りだった」と振り返っている。

【アイヌ文化の探求】

一方、清水作品およびオリジナル作品を中心とした舞台創りと並び、80年代に「河」が取り組んでいたのがアイヌ文化の探求である。

この取り組みの中心になったのは塔崎だった。もともと彼はアイヌの自然観や人生観に深い共感を持っており、旭川に住むアイヌの長老、**石山長次《いしやまちょうじ》郎《ろう》**、**キツヱ**夫妻を慕って親交を深めていた。

この2人を講師に迎えて立ち上げたのが、「河」主催のアイヌ文化勉強会「ウネウサラ」である。「河原館」を主な会場に、1983（昭和58）年2月から6月まで、10回に渡って開催され、旭川をはじめ道内各地から熱心な聴講生が集まった。

塔崎は、この勉強会の事務局を務め、石山夫妻の送り迎えから、それぞれの会の内容の選定、聴講生への連絡など、裏方の仕事を一手に引き受けた。

「ウネウサラ」メンバーによる山歩き

石山長次郎・キツヱ…旭川在住のアイヌの古老夫妻。塔崎健二と親交を深め、「河原館」でのアイヌ文化の勉強会「ウネウサラ」や自主組織の「ウネウサラ・コトムカ」では、講師を務めた。キツヱはユーカラの伝承者の家に生まれ、特に喜びや悲しみの気持ちを即興でうたうヤイサマの第一人者だった。

勉強会の終了後の83年8月には、聴講生が自主的に「ウネウサラ・コトムカ」と言うグループを結成し、長老夫妻を囲んだ学びのつどいを継続させた。当時のメンバーで、旭川南高校の校長などを務めた菅《かん》野《の》逸一《としかず》の回想が塔崎の追悼集に載せられている。

> 四回ほどの講座が終了し、彼（筆者注＝塔崎のこと）の提案と参加者数名の強い希望で月一回程度の集りを継続させることになった。（中略）
>
> 彼は、集りのたびごとにあの長軀をかってキツヱばあちゃんを連れ出し、やれ**春志内**だ**江丹別**だ、**神居古潭**だ**伊納**だと野山に楽しんで出かけた。そしてそこでは**ウバユリ**を採って水にさらしたり、シャケを料理したり、またササ小屋やフキ小屋造りに皆で夢中になったものだ。（中略）
>
> 彼がどうしてあんなにもあの時期ウネウサラに身を入れたのだろうか。勿論、仲間たちも熱心で、札幌や奈井江や美深や滝川からもかけつけたのだが、やはりアイヌの生き方に心底惚れ込んだのであろうし、石山キツヱというこの上もない人間の魅力にとりつかれたのであろう。自然の寵児ともいえる七十すぎの老女が、一旦山に入ると彼も我々も見失う早さで消えてしまう。そして再び出会うときは、背にズッシリと山の幸を負うた姿である。また、一度は捨てたアイヌ語を学習しながら覚えてゆく執念にも彼は強く魅かれたのであろう。彼がキツヱを語るときのあの熱っぽさはなみなみならぬものがあった。
>
> 〈菅野逸一「内藤さんの思い出」・「塔崎健二を悼む　時間の焔―無神の空」掲載・1997年〉

春志内…旭川市の神居地区にある地名。ハルシナイはアイヌ語で「食料が多くある沢」の意味。

江丹別…旭川市の北部にある地名。そばの産地として知られる。

神居古潭…旭川市郊外の景勝地。石狩川が作った渓谷美で知られる。かつては函館線の神居古潭駅があったが、路線のトンネル化によって廃止され、現在は駅舎のみ保存されている。

伊納…旭川市郊外にある地名。函館線の無人駅、伊納駅がある。

ウバユリ（オオウバユリ）…北海道に多く自生するユリ科の植物。アイヌ民族にとっては、鱗茎（球根）からデンプンを採る重要な食物。

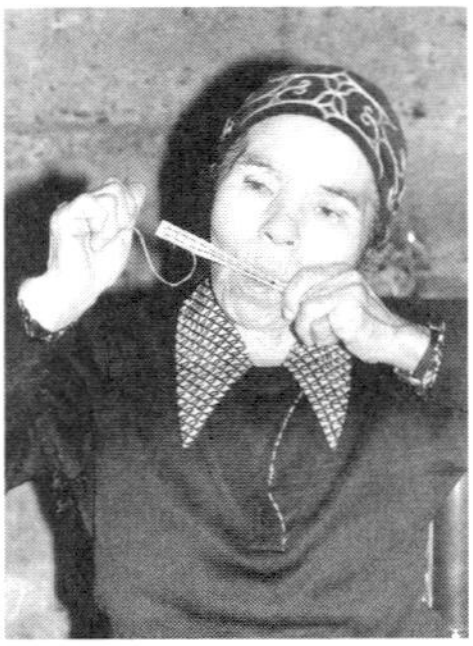

石山キツヱ

こうしたアイヌ文化の探求は、前述した塔崎の創作活動にも生かされている。83（昭和58）年に書き上げた戯曲「吹雪物語」は、アイヌの伝説や自然観が重要なテーマになっている。この作品は、1984（昭和59）年2月に旭川市民文化会館で石山キツヱや「ウネウサラ・コトムカ」のメンバーが出演して行われたアイヌ文化を紹介するイベントで上演された。

またこの作品は前述のように、塔崎の手でラジオドラマ「6日しばれて6日ふぶく」に脚色され、同じ月にNHKラジオで放送されている。このラジオドラマには、石山キツヱも**ムックリ**の演奏と**ユカラ**の朗誦で出演している。なお「6日しばれて6日ふぶく（イワン・タシクル・イワン・レイエ・ウブン）」は、厳冬期を指すアイヌの慣用句である。

当時の新聞記事に、予告記事が載っている。

アイヌの自然観を素材にした旭川の劇団「河」（星野由美子主宰）のオリジナル脚本「六日しばれて六日ふぶく」が、二十五日夜放送のNHK第一ラジオ「北海道ラジオ小劇場」（午後十時十五分）に登場する。（中略）

アイヌの少女ふぶきと、道に迷い込んだ少年閃（せん）がコロポックルととも

ムックリ…アイヌ民族の伝統楽器。弁のついた竹の薄い板にひもが付けてあり、口に咥える。ひもを引っ張ることで弁を振動させ、口の中に共鳴させて演奏する。

ユカラ…アイヌ民族に伝わる叙事詩のこと。文字をもたないことから口伝えで受け継がれてきた。知里幸恵が、言語学者の金田一京助に勧められて日本語に訳し、「アイヌ神謡集」として刊行したのもユカラ。

に、森の動物を略奪する悪人に立ち向かい、悪人たちの夢の中で自然との共存をさとす四十三分のドラマ。

開発の名のもとに自然を破壊する一方で、洪水、資源枯渇などのシッペ返しを受ける現代人への警鐘でもある。

〈北海道新聞・1984年2月10日付〉

なお1986（昭和61）年、石山キツヱは不慮の事故で亡くなるが、何度か紹介してきた塔崎の小説は、慕っていた古老の急死というこの出来事を下地としている。

【第14章】

活動停止

【「一九八二／嫉妬」の上演】

1986（昭和61）年10月、「河」は8作目の清水邦夫作品となる「一九八二／嫉妬」の公演を行った。この舞台は、地元の観劇団体、**旭川市民劇場**の15周年特別企画として上演された。このため、会場は「河原館」ではなく、一度に多くの観客が見ることのできる旭川市民文化会館小ホールが使われた。初日が夜公演、2日目が昼・夜の合わせて3回の公演だった。

またこの舞台は、劇団「帯広演研」の協力を得て、同じ月に帯広市民会館でも上演された。この時の舞台では、主人公の「兄」の姪の「ナナ子」役を「帯広演研」の坪《つぼ》井志展《いしのぶ》が演じた。

「一九八二／嫉妬」は、1980（昭和55）年の「河」の「ふらぬい山房」でのシ

旭川市民劇場…1971（昭和46）年に発足した演劇鑑賞団体。年6回の上演を続け、創立以来の公演回数は260回を超えている。

ンポジウムにも参加した藤原新平の演出のもと、81（昭和56）年に**文学座アトリエ**公演として初演された作品である。この時は「一九八一／嫉妬」のタイトルで上演され、翌年、「木冬社」の第8回公演として、清水本人の演出で上演された際は「一九八二／嫉妬」とタイトルが変えられた。

作品の舞台は、日本海に面した町にある洋裁店である。店主である「兄」と、気象館と呼ばれる隣の建物に住む「姉娘」、その姉妹で、東京で女優をしている「妹娘」と、「妹娘」の夫で大学教授の「男」、そして「兄」の亡くなった弟の娘で洋裁店を手伝う「ナナ子」の5人が登場人物である。

「一九八二／嫉妬」
（右から星野由美子、池の内にじ子、小森思朗・1986年）

「一九八二／嫉妬」
（星野由美子と塔崎健二・1986年）

「文学座アトリエ」…1950（昭和25）年に竣工した「文学座」の稽古場であり、前衛的・実験的な作品を上演する「アトリエの会」の上演を行う場所。ベケット、イヨネスコらによる欧米の不条理劇をはじめ、つかこうへい、別役実、清水邦夫らの作品が上演されてきた。

「兄」に家の中を覗かれているという「姉娘」の訴えを受けて、ある日、洋裁店にやってくる「男」と「妹娘」。「姉娘」の訴えははたして本当なのか、妄想なのか。「火のようにさみしい姉がいて」と同じように、虚と実が混とんとした中で物語は進む…。

「河」の舞台では、「兄」を塔崎が、「姉娘」を星野が、「妹娘」を池の内が、「男」を松井がそれぞれ演じた。旭川公演での「ナナ子」は、「テアトロニポポ」の高谷梨《たかやり》枝子《えこ》が演じた。

「帯広演研」の片寄晴則は、帯広公演で、星野が舞台の幕が開く直前まで、照明や音効のタイミングなど、細かいところまでダメ出しをしていた姿が印象に残っていると話している。

【活動停止】

「河」が清水作品に取り組んでから15年。特に星野、塔崎、池の内の3人は、上演した8つの作品のすべてに出演または演出で関わった。また星野は、塔崎が演出した「楽屋」、清水本人が演出した「…将門」を除く6作品で演出を担った。

こうした中心メンバーの蓄積により、「河」の「一九八二／嫉妬」は、張りつめた緊張感が観客を引き込む質の高い舞台となった。

ただこのあと「河」の活動は途絶えることとなる。

「一九八二／嫉妬」のチラシ
（1986年）

上演に当たり、星野には、漠然としてではあるが、これ以降「河」の活動を続けるのは困難だろうとの思いがあったと言う。それは劇団から70年代のような激しい熱気が失われ、メンバーも数少なくなっていたからである。

こうした傾向が顕著になったのは、1984（昭和59）年に行われた「二都物語」の再再演の後のことである。さまざまな理由により、劇団員の退団が相次ぎ、「一九八二／嫉妬」の上演時には、メンバーは4人になっていた。

長い年月のうち、屋台骨が少しずつ軋み始め、舞台を創り上げる困難さが出てきた。創造に向かうエネルギーやら、それぞれが抱える生活の維持やら、集団が内包する諸問題等々。時間を追うごと、一公演終えるごとに一人、二人と劇団員が去っていった。いつしか星野、内藤（塔崎）のほかは、松井、池の内だけになっていた。

〈池の内回想〉

また「二都物語」の再再演自体、札幌演鑑の要請がきっかけで実現した公演だったが、準備期間が短かったこともあり、新しい戯曲に挑戦し、一から舞台を創造するエネルギーはすでに劇団から失われ始めていた。

「二都物語」の再再演から2年後に上演された「一九八二／嫉妬」は、残ったメンバー4人が、いわば最後の力を振り絞って創った舞台だった。

翌年の1987（昭和62）年、「河」は「河原館」の運営からも撤退した。メンバー4人で備品を運び出し、「河原館」は13年に及ぶ歴史の幕を閉じた。


連日、深夜までかかった片づけを終え、もぬけの空になった土蔵の扉を開けて外に出た。

さんざめく五月の光のようなあの日たち。

幾多の芝居群が跳び出てこないように、永遠の鍵を閉めた。

…等と、ほんの少し気取ってみたが、実のところ連日の片づけで疲労の極致。すべてが終わり、部屋にたどり着いたときは、やれやれと安堵にも似た心持ちだったような気がする。

河原館の〝こけら落し〟と〝後始末〟どちらにも関わったのだから。


〈池の内回想〉

【「ポラーノ広場」とその後】

なお「河」の活動停止から1年後、星野と塔崎は、「こども劇団・ポラーノ広場」

を結成、地域の子どもたちを集めて児童劇の上演活動を始めている。

「こども劇団・ポラーノ広場」は、星野の演出で、**「森は生きている**（**サムイル・マルシャーク**作）」、「**青い鳥**（**モーリス・メーテルリンク**作）」、「**ブンナよ、木からおりてこい**（**水上勉**《みなかみつとむ》作）」など5回の公演を行った。しかし、塔崎が体の不調を訴え、闘病生活に入ったことなどから1994（平成6）年の公演を最後に、活動を打ち切った。

塔崎の病気は、イギリスの物理学者、**スティーブン・ホーキング**博士がかかっていることで知られる**ALS（筋委縮性側索硬化症）**だった。ALSは脳からの命令を筋肉に伝える神経細胞が侵される難病で、手足など全身の筋肉（随意筋）の自由が次第に失われる。

「ポラーノ広場」最後の公演の時、音効を担当していた塔崎はすでに一方の手の自由がきかなくなっており、片手で機材を操作したという。

「ポラーノ広場」の稽古

「森は生きている」…旧ソ連の詩人、劇作家、児童文学者、マルシャークの児童劇。1943（昭和18）年の作品。

サムイル・マルシャーク…1887（明治20）年生まれの旧ソ連の詩人、劇作家、児童文学者。孤児救援活動を行い、施設「子どもの町」を設立。そこに設けた劇場のために児童劇を書いた。

「青い鳥」…チルチルとミチルの兄妹が幸せの象徴である青い鳥を探す童話劇。メーテルリンクの代表作。

モーリス・メーテルリンク…1862年生まれのベルギーの詩人、劇作家。1911年にノーベル文学賞を受賞。

「ブンナよ、木からおりてこい」…水上勉の童話「蛙よ、木からおりてこい」をもとに、1978（昭和53）年、「青年座」が脚色して舞台化した作品。トノサマガエルの子ブンナの目を通して、生きることの意味を考える児童劇の名作。

水上勉…1919（大正8）年生まれの小説家。1961（昭和36）年に「雁の寺」で直木賞を受賞。その後、「飢餓海峡」、「越前竹人形」などのヒット作を執筆した。

スティーブン・ホーキング…1942（昭和17）年生まれのイギリスの理論物理学者。特に宇宙論に優れた業績を残している。20代でALSを発症したが、途中で進行が弱まった。

ALS（筋委縮性側索硬化症）…体を動かすための神経細胞や神経線維が侵される進行性の病気。神経の命令が伝わらなくなるため、筋肉が縮み、次第に機能を失う。

【エピローグ】

朝鮮よ、泣くな、
老婆（ロッパ）よ泣くな、
処女（チョニョ）よ泣くな、
洗濯台（パンチヂリ）に笑われるぞ、
トクタラ、トクタラ、トクタラ、

1995（平成7）年7月14日。旭川市4条西1丁目にある栄町会館に、詩人、小熊秀雄の長編叙事詩、「長長秋夜《じゃんじゃんちゅうや》」の群読の声が響いた。

詩を朗唱する「河」の元メンバーらの傍らには、塔崎健二の亡骸があった。無宗教だった故人にちなんだ、親しい友人らによるお別れの会である。

「河」の主要メンバーの一人、松井哲朗はこう書いている。

お別れの会は元劇団員たちによる、内藤（筆者注＝塔崎のこと）さんのライフワークであった評論の対象詩人・小熊秀雄の長編詩「長長秋夜」の群読がお経がわりで、あとは親しくしていた人達のお別れの言葉、内藤さんの出演したＴＶのビデオの上映など無宗教の会であった。

余った香典は残された膨大な小熊秀雄論の出版費用に当てることにされた。

〈「塔崎健二（内藤さん）追悼」・「塔崎健二を悼む　時間の焔―無神の空」掲載・１９９７年〉


お別れの会には、塔崎と交流のあった多くの人達が集まり、故人をしのんで一夜を明かした。〝通夜〟の席では、石山長次郎、キツヱ夫妻の息子で、塔崎と深く親交していた正己《まさき》（正樹とも）が、即興で葬送の踊りを踊った。

＊＊＊＊＊＊＊＊＊＊＊＊＊＊＊＊＊＊＊＊

「河」の中心メンバーだった塔崎健二は、１９９５（平成７）年7月13日午後5時52分、旭川リハビリテーション病院において、星野由美子や親しい友人らに見守られて永眠した。

2日前までは、普段と変わりない状態だった。しかし前日から全く食事を受け付けなくなり、急速に容体が悪化した。再入院した後は、最初、目を動かして合図を送っていたが、深夜になって意識がなくなった。最後は静かに息を引き取った。

享年51歳。あまりに早すぎる死であった。

「この3本、折り曲げるともとに戻らなくなるんだよね。どうしたんだろう」。

星野は、塔崎が自分の指を見つめながらつぶやいたのを覚えている。

1993（平成5）年5月。塔崎が初めて自らの体の異変に気付いたのは、彼が49歳の時だった。私家版として発行した評論集「灰色に立ちあがる詩人　小熊秀雄研究」を書き上げたばかりのころだった。

当時、塔崎は、「河」の活動停止後、星野と立ち上げた「こども劇団・ポラーノ広場」の活動のほか、1983（昭和58）年に始めた無農薬野菜の引き売りに励んでいた。しかし手や指が思うように動かなくなってきたことから引き売りは断念。病院で詳しい診察を受けたところ、ALS（筋委縮性側索硬化症）と診断された。

症状は急速に進み、94（平成6）年の夏ころには、日常生活でも車椅子を使用するようになり、95（平成7）年1月から4月まで、入院生活を送った。

ALSの場合、心臓や消化器の働きは影響を受けないが（ALSで不自由になるのは随意筋のみ）、呼吸には呼吸筋と呼ばれる随意筋が必要なため、症状が進むと自力での呼吸が困難になる。延命には人工呼吸器の装着が必須だが、塔崎はその選択をしなかった。

「人工呼吸器を付けたとしても、いろいろな方法で、内藤さんが好きだった本を読むことや、ものを書くことは出来る。なので、そうしてあげた方が良かったのかもと考えることもあった」と星野は言う。ただそうした延命措置は、塔崎自身が望んでいなかった。

塔崎の遺体は、お別れの会のあと、15日、旭川市郊外の火葬場で荼毘に付された。骨上げに当たり、松井が、塔崎が愛した吉本隆明の詩「涙が涸れる」を唱和しようと仲間に呼びかけた。

「涙が涸れる」は、塔崎が中心となって作った舞台「詩と劇に架橋する13章」に登場する詩である。第10章で触れたように、この舞台では、小熊秀雄の童話、「焼かれた魚」をベースに、さまざまな現代詩を台詞として使い、シーンが進んでゆく。舞台のラストでは、「涙が涸れる」の詩を呟きながら、男たちが、変わり果てた姿でふるさとの海に帰ったサンマの骨を、箸でつまんで骨つぼに入れる。

けふから　ぼくらは泣かない
きのふまでのように　もう世界は
うつくしくもなくなつたから　そうして
針のやうなことばをあつめて　悲惨な
出来ごとを生活のなかからみつけ
つき刺す
ぼくらの生活があるかぎり　一本の針を
引出しからつかみだすように　心の傷から

ひとつの倫理を　つまり
役立ちうる武器をつかみだす
しめつぽい貧民街の朽ちかかつた軒端を
ひとりであるいは少女と
とほり過ぎるとき　ぼくらは
残酷に　ぼくらの武器を
かくしてゐる
胸のあひだからは　涙のかはりに
バラ色の私鉄の切符が
くちやくちやになつてあらはれ
ぼくらはぼくらに　または少女に
それを視せて　とほくまで
ゆくんだと告げるのである

とほくまでゆくんだ　ぼくらの好きな人々よ
嫉みと嫉みとをからみ合はせても
窮迫したぼくらの生活からは　名高い
恋の物語はうまれない
ぼくらはきみによつて

きみはぼくらによつて　ただ
屈辱を組織できるだけだ
それをしなければならぬ

（「涙が涸れる」吉本隆明詩集より）

芝居の中で、ふるさとの海に帰ったサンマの骨を男たちが拾い集めたように、塔崎の遺骨は彼が愛した詩に送られながら、仲間の手によって葬られた。

【あとがきにかえて】

突然、目の前に闇が現れた。それまで経験したことのない漆黒の闇…。

やがてぼんやりと明かりが射すと、そこに異形の者たちがいた。

距離は、近い。立ち上がったら、鼻先が触れ合うのではないかと思うほどだ。

その異形の者たちが、息を吐き、詰め、叫び、喚き、つぶやき、笑い、すすり泣いていた。身体をかがめ、よじり、硬直させ、にじり寄り、抱き合っていた。

額から、胸から、腕から汗が流れ落ち、私の頬に当たった。言葉が、速射砲のように肉体から放たれ、ひっきりなしに唾が飛び、それも私に降りかかった。

半地下のその空間は、10畳余りの広さしかなかった。

異形の者たちは、奥に立てかけられた梯子を使って天井から姿を現した。そして建物の入り口と空間をつなぐわずかな段の階段に座る私たちのすぐ脇を疾走し、屋外に退いた。

川の街、旭川の、河川改修によってなくなってしまったかつての川岸に、その空間はあった。

目前で演じられていたのは、アングラ演劇の旗手、唐十郎作の「海の牙―黒髪海峡篇」である。

ヒロインは、朝鮮民族の女たちに憑依されるパンマ（按摩に扮した娼婦）。狂気の宿る凛とした目つきに魅入られた。

主人公はその女を守ろうと決意する青年。がっしりとした体躯に、太くよく通る声。台詞を発するたびに、まるで生き物のように目の前の腹筋が動いた。

1975（昭和50）年10月。私はまもなく18歳になるところだった。目の前の異形の者たちは、それまでに見た誰よりも輝いて見えた。

＊＊＊＊＊＊＊＊＊＊＊＊＊＊＊＊＊＊＊

私が、ふるさとである旭川の中心部、常磐公園の脇にあった劇団「河」の拠点、「河原館」に足しげく通ったのは、高校3年生の時である。

「河原館」は土蔵を利用した小さなスペースだった。日中は喫茶店として、夜は劇団の稽古や公演、イベントの開催に使われていた。

なぜ私が「河原館」に出入りするようになったか、今となっては記憶が定かではない。確か受験勉強と称して近くにある図書館に行ったものの、もちろんその気はなく、同じ気分の友人と連れ立って訪ねたのが最初だったように思う。

その後、一人でも立ち入るようになり、週末毎に行われていた映画の上映や、ライブ、講演会などにも足を運ぶようになった。

「アイヌ神謡集」の作者、夭折した知里幸恵《ちりゆきえ》の存在を初めて知ったのは「河原館」に置かれていた朗読会のチラシだった。現在は俳優としても活躍する田中泯《たなかみん》の舞踏も「河原館」で見た。

決定的だったのが、芝居だった。

ある日、「河」のメンバーの一人に、「興味があったら、観てみない」と誘われたのが、「黒テント（当時は演劇センター68／71）」が常磐公園で上演した「キネマと怪人」だった。

物語は難解だったが、清水紘治や斎藤晴彦、新井純らの巧みな演技に目を見張り、テント芝居ならではの斬新な演出とスピーディな舞台展開に心を奪われた。

翌日「河原館」に行って「面白かった」と伝えると、「今度、私たちの芝居もあるから、観に来て」と言われた。それが「海の牙」だった。

土蔵の中で観た「河」の芝居は、「黒テント」以上に私に衝撃を与えた。それは、その後東京で観たどの劇団の舞台から受けた印象よりもおそらく強かった。

「この世界に、自分もかかわりたい」。その場で、そう思った。

＊＊＊＊＊＊＊＊＊＊＊＊＊＊＊＊＊＊＊＊＊＊＊＊＊＊＊＊＊＊

旭川に拠点を置いた劇団「河」が、活動を停止してから、30年という時間が過ぎようとしている。

私は「河原館」での体験がきっかけとなり、上京して明治大学文学部演劇学科に進み、仲間とともに芝居創りをするようになった。その後、いろいろな経緯があって演劇の現場から離れ、テレビの世界に進んで、放送記者、ディレクターとしてキャリアを積んだ。

「河」の舞台に接したあの日の〝志〟を貫くことは出来なかったが、自分の思いを多くの人に伝える仕事を続けることが出来たのは、やはり「河」と「河原館」との出会いがあったからだと思う。

それは、いつの時も自分が戻るべき「原点」であったと、今は感じている。

なので、この本の執筆は、劇団「河」の足跡をたどる作業であったが、同時に私自身の歩みの一歩目を確かめる作業でもあったと言える。

＊＊＊＊＊＊＊＊＊＊＊＊＊＊＊＊＊＊＊＊＊＊＊＊＊＊＊＊＊＊

旭川に住む星野由美子のもとに話を聴きに行くようになって2年以上が過ぎた。星野は今月7日で満89歳になった。若い時に患った結核の影響で、外出の際などは酸素ボンベや車イスが必要だが、さすがは元女優、滑舌のはっきりした口調は実に力強い。訪れた際は、2時間ほどいろいろな話を聴くが、彼女はほとんど休むことなくエネルギッシュに語る。

本稿の執筆に当たっては、星野を始め多くの「河」のメンバーや関わりのあった方々に話を聴いた。また1997(平成9)年5月に編集・発行された、「塔崎健二を悼む　時間の焔—無神の空」からは、多くの方の回想を引用させてもらった。

さらに今回の取材過程では、塔崎の戯曲の生原稿や各作品の舞台写真など、数多くの「河」の資料が、去年になって旭川市中央図書館に寄贈されるという幸運があった。この資料は、長年、行方が分からなくなっていたもので、私も方々に手をまわして探していたものだった。この資料のおかげで、多岐に渡る「河」の活動を、さまざまな角度から振り返ることが出来た。また、北海道の演劇史に詳しい鈴木喜三夫氏の所蔵資料にも、多いに助けられた。

ただ筆者の力不足で、事実関係の誤認等、記述に誤りがあるかもしれない。ご指摘をいただけると幸いである。

あの時代、中央から遠く離れた旭川という地で、観る者の心を揺り動かすような舞台創造を劇団「河」が成し得たのはなぜかという答えは、掲載した多くの証言や回想の中にあると考える。

最後に、執筆に当たって支援いただいたすべての方々と関係機関に心から感謝を述べたい。

＊＊＊＊＊＊＊＊＊＊＊＊＊＊＊＊＊＊＊＊

（追記　その1）

本稿にもたびたび登場する演出家、蜷川幸雄氏が、２０１６（平成28）年5月12日に逝去された。享年80歳。その功績は、すでにいろいろなところで語られているが、初期の氏の成果である盟友、清水邦夫氏との共同作業がなければ、劇団「河」の活動も大きく変わっていたであろう。

星野由美子氏は、「櫻社」の旗揚げ公演「ぼくらが非情の大河をくだるとき」の、怒号飛び交う凄まじい稽古に立ち会った経験があるそうである。「女蜷川」と呼ばれた星野氏と、本家の蜷川氏のツーショットを見てみたかった思いがする。

実は、本稿執筆に当たり、清水邦夫氏にはインタビューを申し出ていたのだが、上演許可などの窓口になっているスタッフの方から、丁重なお断りのメールをいただいた。

清水氏は、近年、創作活動を停止し、療養生活を送っていると聞いていたが、メールには、特におととし妻の松本典子氏が死去して以降は、一切の仕事を断って療養に専念している旨記されており、「古い友人である『河』の皆さんのお役には立ちたいが、ご理解いただきたい」としてあった。

大切な方々との相次ぐ別れが、清水氏に与えたであろう悲しみを思うと心が痛む。健康を回復されることを祈るばかりである。

＊＊＊＊＊＊＊＊＊＊＊＊＊＊＊＊＊＊＊＊＊＊

（追記　その2）

この本が世に出る直前になり、「河」を巡って大きな動きがあった。劇団のオリジナル作品を再び上演しようという試みがスタートしたのである。

作品は、第10章で詳しく触れた「詩と劇に架橋する13章」である。呼びかけに応えた旭川や近郊の若い演劇人と「河」の元劇団員らがチームを組み、来年（２０１７年）夏の上演を目指して準備を始めている。

今回の上演には、星野由美子もアドバイザーとして関わり、劇団「河」としての公演となる見込みだ。実現すれば、１９８６（昭和61）年の活動停止から実に31年の時をへだてての「河」の再始動となる。しかも、条件が許せば、かつての「河原館」だった常磐公園脇のあの土蔵で公演を行いたいと考えているという。

幾多の表現者の魂がこもった伝説の舞台を、今回公演に加わる若い世代がどう演じるのか、またその舞台は平成の観客の眼にどう映るのか、それを確かめるのが今から楽しみである。

２０１６（平成28）年12月

那須敦志

【劇団「河」上演記録】

＊「劇団河・上演の軌跡」および公演パンフレット等をもとに那須が作成した
＊上演場所の後ろの数字は判明している上演数
＊スタッフ・キャストは判明しているものだけ掲載した

（1）1959(昭和34)年7月 「浮標」
三好十郎作 和久俊夫演出 旭川市公会堂
・キャスト（一部） 小母さん＝星野由美子

（2）1959(昭和34)年11月 「獅子」
三好十郎作 和久俊夫演出 旭川市公会堂

（3）1960(昭和35)年7月 「カルラールのおかみさんの銃」
ベルトルト・ブレヒト作 和久俊夫演出 旭川市公会堂

（4）1960(昭和35)年11月 「大変な心配」
ジョルジュ・クルトリーヌ作 和久俊夫演出 旭川市公会堂

（5）１９６１(昭和36)年7月「三人の盗賊」

八木柊一郎作　和久俊夫演出　旭川市公会堂

（6）１９６１(昭和36)年11月「コーカサスの消えた城」

加藤衛作　和久俊夫演出　旭川市公会堂

（7）１９６３(昭和38)年5月「夜の来訪者」

J・B・プリーストリー作　内村直也翻案　和久俊夫演出　旭川市公会堂

・キャスト

秋吉兼路＝小野明、秋吉夫人＝星野由美子、千沙子＝寺田せい子、兼郎＝細川隆平、森永良三＝藤田稔、警官橋詰＝岡田要、女中ゆみ＝佐藤あつ子

・スタッフ

装置＝和田竹詩、衣装＝宮坂久賀子、舞台＝菊田逸・高橋涓

（8）１９６３(昭和38)年11月「こわれがめ」

久保栄翻案　和久俊夫演出　旭川市公会堂

（9）１９６４(昭和39)年6月「地球、光りなさい！」(児童劇)

ヴァイゼンボルン原作　倉本聰脚色　星野由美子演出　旭川市公会堂

(10) 1965(昭和40)年5月 「冒した者」

三好十郎作　和久俊夫演出　旭川市公会堂

・キャスト

私＝岡田要、須永＝藤田稔、舟木＝山田二郎、識子＝石川妙子、省三＝菊田英昭、若宮＝成田泰明、房代＝岸田恵、柳子＝星野由美子、浮山＝梅内亮紀、モモちゃん＝山田早苗

・スタッフ

装置＝和田竹詩、照明＝中田良夫、小道具＝宮崎登喜子・徳武繁子、衣装＝大坪マミ・大屋敷美恵子、効果＝高橋三加子、舞台監督＝高橋涓

(11) 1966(昭和41)年3月 「鯨」

ユージン・オニール作　和久俊夫演出　試演会

(12) 1966(昭和41)年5月 「カレドニア号出帆す」(児童劇)

多田徹作　星野由美子演出　旭川市公会堂

・キャスト

マイケル＝宮崎登喜子、アレキサンダー＝山本寿子、パトリシア＝山田早苗、クレーグ夫人＝石川妙子、オーエンス船長＝成田泰明、判事＝海野勝、ウイリアムズ＝菊田英昭、保安官＝山田二郎、ジム＝横内堅、サム＝田中勝弥、ジョニー＝阿部正明

・スタッフ
演出助手＝岸田恵子、装置＝和田竹詩、照明＝藤田稔、効果＝高橋三加子・佐藤政子、小道具＝清水久子・永瀬紀代子、衣装＝海野政子、舞台監督＝和久俊夫

⒀　1966（昭和41）年10月「ラインの監視」
リリアン・ヘルマン作　和久俊夫演出　旭川市公会堂
・キャスト
アニズ＝山本寿子、ジョセフ＝成田泰明、ファニー・ファレリー＝星野由美子、デーヴィド・ファレリー＝山田二郎、マース・ド・ブランコヴィス＝佐藤政子、テック・ド・ブランコヴィス＝藤田稔、サラ・ミュラー＝石川妙子、ジョシュア・ミラー＝高橋三加子、ボド・ミュラー＝宮崎登喜子、バベッド・ミュラー＝山田早苗、クルト・ミュラー＝岡田要
・スタッフ
装置＝和田竹詩、照明＝梅内亮紀、効果＝岩崎修、衣装＝山本寿子、舞台監督＝菊田英昭

⒁　1967（昭和42）年5月「みんな我が子」
アーサー・ミラー作　星野由美子演出　旭川市公会堂
・キャスト
ジュオ・ケラー＝成田泰明、ケイト・ケラー＝星野由美子、クリス・ケラー＝山田二郎、ジョージ・ディヴァー＝塔崎健二、アン・ディヴァー＝高橋三加子、ジム＝吉田武、スウ＝宮崎登喜

子、フランク＝塩崎忠道、リディア＝武石悦子
・スタッフ
演出助手＝山田早苗、舞台監督＝梅内亮紀、舞台監督助手＝戸板孝義、効果＝阿部登志子、小道具＝大屋敷美恵子、照明＝菊田英昭・中村径子・佐藤政子・藤田稔、メーキャップ＝石川妙子・小泉紀子、衣装＝山本寿子

⒂　1967（昭和42）年11月「蛙昇天」

木下順二作　和久俊夫演出　旭川市公会堂
・キャスト
シュレ＝塔崎健二、コロ＝星野由美子、ケロ＝武石悦子、グレ＝成田泰明、クォラックス博士＝梅内亮紀、ガー氏＝岡田要、グー氏＝海野勝、クヮラ嬢＝宮崎登喜子、女中のカエル＝石川妙子、グゥエロ委員＝保科一広（葦）、クエッカ委員＝塩崎忠道、ヌルリ委員＝吉田武、チック委員＝小坂修見、ギュー委員＝高野雅樹、クイック委員＝掃部敬資（葦）、ゴロゲ委員＝菊田英昭、ズー＝佐々木治、ムー＝花見憲一、ウー＝竹下敏夫、警官のカエル＝市谷憲二、岩の上のカエル＝篠田正寿（葦）、若い男のカエル＝米村裕、中年の男のカエル＝山中憲一、中年の女のカエル＝山本寿子、少年のオタマジャクシ＝阿部登志子、守衛のカエル＝中村武彦、男＝山田一郎、ほか教育大生賛助出演
・スタッフ
演出助手＝斎藤芙佐枝・住友千鶴子、舞台監督＝梅内亮紀、舞台監督助手＝岸田恵子・中村径

子、装置＝高橋三加子、効果＝小坂修見・夏井幸子、照明＝金子裕・戸板孝義、衣装＝石川妙子、小道具＝山本寿子、メーキャップ＝住友千鶴子・小泉紀子

⒃ 1968（昭和43）年6月「るつぼ」

アーサー・ミラー作　和久俊夫演出　旭川市公会堂

・キャスト

パリス＝成田泰明、ベティ・パリス＝住友千鶴子、ティチュバ＝斎藤芙佐枝、アビゲイル＝石川妙子、スザナ・ウォルコット＝吉岡ちず子、トーマス・パトナム＝岡田要、パトナム夫人＝宮崎登喜子、マースィ・ルイス＝国沢順子、ジョン・プロクタ＝塔崎健二、エリザベス・プロクタ＝星野由美子、メアリィ・ウォレン＝高橋三加子、ジャイルズ・コリ＝市谷憲二、レベカ・ナース＝武石悦子、ジョン・ヘイル＝掃部敬資、チーヴァ＝塩崎忠道、ヘリック＝菊田英昭、ホーソーン＝吉田武、ダンフォース＝海野勝、役人＝菊地正利・保科勝広

・スタッフ

装置＝高橋三加子、照明＝鈴木紀子、効果＝蟹田純・夏井幸子、衣装＝阿部登志子・島崎和美・赤木美知代、小道具＝吉田富美子・松田多津子・飯原はるえ、メーク＝中村径子、舞台監督＝梅内亮紀、舞監助手＝山中憲一、陶器＝押川清、効果・音楽＝笹谷志郎

⒄ 1968（昭和43）年11月「友達」

安部公房作　星野由美子演出　旭川市公会堂

・キャスト

男＝塔崎健二、婚約者＝吉岡ちず子、祖母＝斎藤芙佐枝、父＝成田泰明、母＝星野由美子、長男＝掃部敬資、次男＝塩崎忠道、長女＝石川妙子、次女＝国沢順子、末娘＝住友千鶴子、管理人＝島崎和美、警官＝佐々木治・高野雅人、元記者＝海野勝

・スタッフ

演出助手＝武石悦子、舞台監督＝梅内亮紀、装置＝高橋三加子、装置製作＝岡田要、効果＝菊地正利、衣装＝鈴木紀子・石川妙子、小道具＝飯原はるえ・吉田多恵子、メーキャップ＝小林裕子・本間久美子、監修＝和久俊夫

⒅ 1969（昭和44）年10月「かさぶた式部考」

秋元松代作　星野由美子演出　旭川市公会堂

・キャスト

大友伊佐＝星野由美子、大友豊市＝塔崎健二、大友てるえ＝池之内仁慈子、智修尼＝堀江順子、うめ＝近藤恵理、宇智子＝住友千鶴子、鶴作＝成田泰明、ふじ＝国沢順子、ゆり＝高橋三加子、万太郎＝菊地正利、小次郎＝掃部敬資、はる＝吉岡ちず子、夢之助＝塩崎忠道、光子＝阿部登志子、あき＝佐々木治子、初旅の女＝星野静江（葦）、お巡りの人々＝劇団葦、村の青年＝掃部敬資・石部寅雄、お巡りの女＝川添恵子・奥山静子・坂本敏美・阿部説子

・スタッフ

装置＝掃部敬資、効果＝車道子、鼓＝田中吉信恵、小道具＝住友千鶴子、衣装＝堀江順子・池

之内仁慈子、メーク＝国沢順子、舞台監督＝岡田要、舞監助手＝梅内亮紀、監修＝和久俊夫

⒆　1970（昭和45）年3月「オイディプス王」

ソフォクレス作　星野由美子演出　マルセンデパートほか（試演会）

⒇　1970（昭和45）年10月「告発＝水俣病事件＝」

高橋治作　星野由美子演出　旭川市公会堂

・キャスト

津山信吉＝塩崎忠道、浩三＝塔崎健二、義一＝吉永克己、巧＝志田陽一、綾子＝近紀子、千鶴子＝住友千鶴子、滝川＝久門好行、木原＝森内一寛、大川＝黒川貴久雄、木島しげ＝星野由美子、しげの夫＝三橋和男、奥田良子＝池之内仁慈子、浜田芳枝＝近藤恵理、田原サト＝吉岡ちず子、中井＝田辺幹雄、加藤＝山口正利、梨本＝菊田英昭、松本＝海野茂樹、西川＝篠原浩美、沢＝佐藤信、高村＝高野雅樹、小島＝渡辺則雄、川内＝富士隆久

・スタッフ

装置＝梅内亮紀、スライド＝松田小夜子・今田孝一、効果＝福士恵子、小道具＝近藤恵理、衣装＝池之内仁慈子、メーク＝坂本敏美、舞台監督＝堂坂友子、舞監助手＝山花良子、監修＝和久俊夫

(21) 1971(昭和46)年5月 「どれい狩り」
安部公房作　和久俊夫演出　旭川市公会堂
・キャスト
探検家＝塔崎健二、飼育係＝塩崎忠道、娘＝草間悠子、女中＝吉岡ちず子、主人＝森内一寛、運転手＝三橋一男、ウエーの男＝早瀬一、ウエーの女＝藤紀子、青年＝久門好行、その友人＝吉永克己・志田陽一・石井令子、狂人＝山口正利、その付添人＝遠藤恵
・スタッフ
舞台監督＝池之内仁慈子、照明＝室谷宣久・堂坂友子・佐渡千恵子、効果＝福士恵子・松田小夜子、衣装＝藤紀子・鈴木紀子、小道具＝遠藤恵、メーク＝林久美子

(22) 1971(昭和46)年8月 「沼・迷出夜」
田中隆司作・演出（東京演劇企画「幻」、劇団「葦」との合同公演）札幌道新ホール、旭川
・キャスト―沼
道化師＝塩崎忠道、少女＝木野井美紗子、少年＝志田陽一、少女の義兄＝三橋和男、他＝吉永克己・塔崎健二・工藤勝・草間悠子・池之内仁慈子・藤紀子・林久美子・吉岡ちず子・坂本敏美・遠藤恵・石井令子・星野和博
・キャスト―迷出夜
乳母＝藤紀子、少年＝吉永克己、メデア＝木野井美紗子、クシオン＝工藤勝、イアソン＝塔崎健二、天使達＝草間悠子・吉岡ちず子・林久美子・池之内仁慈子・遠藤恵、男＝志田陽一・三

橋和男・星野和博、女＝坂本敏美・石井令子

・スタッフ

美術・照明＝大石充也、効果＝坂本敏美、舞台監督＝塔崎健二

(23) 1971(昭和46)年10月 「地球、光りなさい！」(児童劇)

ヴァイゼンボルン原作　倉本聰脚色　星野由美子演出　旭川市公会堂、市内小中学校

・キャスト

アラ＝石井令子、マアー＝大野紀子、ギール＝吉岡ちず子、ピイツア＝塔崎健二、ラザーニャ＝近藤恵理、ラビオリ＝池内仁慈子、モンメ＝塩崎忠道、新聞記者＝工藤勝、首相＝中辻明、総監＝山口正利、社長＝吉永克己、クルート＝志田陽一、刑事＝今田恵一・室谷宣久、その他＝坂本敏美・林久美子

・スタッフ

舞台監督＝堂坂友子、音楽＝菱川純子・菊地武志、効果＝福士恵子、振付＝越智恵子、監修＝和久俊夫

(24) 1971(昭和46)年11月 「結婚申込」

アントン・チェーホフ作　星野由美子演出　旭川市公会堂

(25) 1972(昭和47)年3月 「誤解」

アルベール・カミュ作　和久俊夫演出　旭川市公会堂会議室（試演会）

(26) 1972(昭和47)年5～6月 「鴉よ、おれたちは弾丸をこめる」

清水邦夫作　星野由美子演出（清水邦夫演出助言）　旭川市公会堂

・キャスト

女歌手＝柴田燿子（賛助出演）、青年A＝吉永克己、青年B＝志田陽一、鴉婆＝星野由美子、虎婆＝吉岡ちず子、かいせん婆＝池乃内にじ子、はげ婆＝石井令子、とむらい婆＝坂本敏美、いわく婆＝藤紀子、ばくだん婆＝近藤恵理、すがめ婆＝矢野美鈴、ノーパン婆＝清水和枝、さみだれ婆＝羽賀京子、そうじ婆＝中村寛子、三味線婆＝鳴海幾乃、裁判長＝工藤勝、検事＝塔崎健二、弁護士＝塩崎忠道、判事1＝室谷宣久、判事2＝河村直人、看守＝今田孝一、女（証人）＝浜田久恵、裁判所長＝中辻明

・スタッフ

舞台監督＝塔崎健二、効果＝田中敦子、衣装＝池乃内にじ子・石井令子、小道具＝近藤恵理、メーク＝藤紀子・坂本敏美、音楽＝菊地武志、協力＝遠藤啄郎・劇団葦

(27) 1972(昭和47)年11月 「誤解」

アルベール・カミュ作　和久俊夫演出　旭川市公会堂（全道演劇祭参加）

(28) 1973(昭和48)年5月「腰巻お仙・振袖火事の巻」

唐十郎作　星野由美子演出　旭川農協ビル(3)、市内各大学祭で再演

・キャスト

少女（片桐仙）＝池乃内にじこ・吉岡ちず子、爺（片桐仙の育て親）＝河村直人、円谷芳一＝山口正利、床屋（芳一の父）＝室谷宣久、永遠の客＝志田陽一、ドクター（袋小路あるいは山本イモ六、またはソロバン塾の先生）＝塔崎健二、看護婦マキ＝石井令子、看護婦アキ＝坂本敏美、サラリーマン＝河村直人、ポン引き（実は永遠の客の副業）＝志田陽一、明智小五郎と名のる堕胎児（又は紳士、警官）＝工藤充年・仲通字旭・森正明、おつた＝塩崎忠道

・スタッフ

舞台監督＝近藤恵理、効果＝田中敦子・可香谷栄、衣装＝吉岡千鶴、小道具＝吉田美砂、メーク＝坂本敏美、音楽＝菊地武志、協力＝劇団葦

(29) 1973(昭和48)年9月「鐵仮面」

唐十郎作　星野由美子演出　常磐公園

・キャスト（一部）暁テル子＝吉岡ちず子、千羽スイ子＝池の内にじ子

(30) 1973(昭和48)年11月「二都物語」

唐十郎作　塔崎健二演出　アサヒビル

・キャスト（一部）リーラン＝星野由美子

(31) 1974(昭和49)年6月 「ぼくらが非情の大河をくだる時」

清水邦夫作　星野由美子演出　河原館（8・河原館こけら落とし公演）

・キャスト

兄＝塔崎健二、弟＝北門真吾、父＝小森思朗

(32) 1974(昭和49)年8月〜75（昭和50）年6月 「二都物語」

唐十郎作　塔崎健二演出　帯広（2）、常磐公園（2）、滝川

1975年6月

・キャスト

私設職安の課長＝紅小路旭、部下1（田口）＝田口キッコ、部下2（佐々木）＝藤桔梗、部下3（津）＝中津川真、リーラン＝星野由美子、元・犬殺し＝勝又三郎、夜の役人＝河村直人、私設刑事＝小森思朗、内田一徹＝北門真吾、一徹の妹＝きもとみさ、夜の刑事＝塔崎健二、コック＝川原潤、少女たち＝只野レッチ・只野由美・只野お経ほか、陽向ボッコの群れ＝石井令・池の内仁慈子・武蔵野恵理ほか

・スタッフ

舞台監督＝北門真吾、装置＝勝又三郎、音効＝星空由香子、照明＝片桐のん・華乱々・福士香奈、小道具＝きもとみさ・武蔵野恵理、衣装＝石井令・池の内仁慈子

(33) 1974(昭和49)年8月〜78(昭和53)年10月 「詩と劇に架橋する13章」

松島東洋原案　塔崎健二構成・演出　河原館（8）、札幌4丁目プラザホール（3・78年）、滝川、東海大

・キャスト（「詩と童話の錯綜による《変容》の試み」のみ）

池の内にじ子、小森思朗、北門真吾、山口正利、室谷宣久、塔崎健二、星野由美子

(34) 1975(昭和50)年3月 「五寸釘寅吉遊行伝の内　仙童寅吉伝説はまなす縁起」

北けんじ作　星野由美子演出　旭川市民文化会館小ホール（3）

・キャスト（一人が何役も演じたため俳優名のみ）

成田泰明、北門真吾、石井令子、松井哲朗、藤桔梗、紅小路旭、勝又三郎、真山誠、河村直人、山口正利、恵理、吉田美砂、小倉銀次、池の内にじ子、塔崎健二、シゲ、佐藤健次、渡辺仁、志田ノン

・特別出演

北けんじ、三好文夫、村椿和博、後藤誠二、伊藤寿郎、明石光則、佐藤倬甫、庄司一恵

・スタッフ

演出助手＝志田ノン、舞台監督＝北門真吾、装置＝北門真吾・勝又三郎、小道具＝恵理・吉田美砂、衣装・メイク＝石井令子・池の内にじ子、照明＝オソメ・小柳妙子・渡辺仁、音効＝星野由香子、作曲＝小倉銀次、バイオリン演奏＝高木正子、宣伝美術＝勝又三郎

㉟　１９７５（昭和50）年９〜11月　「海の牙─黒髪海峡篇」

唐十郎作　星野由美子演出　岩見沢駒澤大学（２）、河原館（６）、旭川高専（２）

・キャスト

カツラ屋の主人＝ベル・ジュバンス（小森思朗）、オカツ＝きもとみさ、カツラ屋の番頭＝中津川慎、按摩＝紅小路旭、按摩の弟子＝藤桔梗・河村直人・勝又三郎、瀬良皿子＝星野由美子、呉一郎＝塔崎健二、梅原北明＝北門真吾、名和四郎＝華乱々、名和四郎の母＝石田令、チョゴリの女＝池の内にじ子・武蔵野恵理

・スタッフ

演出助手・舞台監督＝松井須磨吉、装置＝北門真吾、小道具＝武蔵野恵理、衣装＝石田令・池の内にじ子、照明＝志田のん、音効・美術＝星空由香、作曲＝安保由夫（状況劇場）

㊱　１９７６（昭和51）年５月　「幻に心もそぞろ狂おしのわれら将門」

清水邦夫作・演出　旭川市民文化会館小ホール（３）、札幌ＳＴＶホール（３）

・キャスト

ゆき女＝池の内にじ子、はな女＝武蔵野恵理、つね女＝四季咲美砂、秩父坊＝紅小路旭、甲州坊＝中津川慎、平小次郎将門＝北門真吾、豊田郷三郎＝塔崎健二、豊田郷五郎＝ふじきまこと、桔梗の前＝星野由美子、捨十＝小森思朗、右太＝勝又三郎、源佐＝華乱々、藤原勢＝藤本敏行・川瀬和則・三河佳紀・田中英司・高山宏・石山正己・森正明ほか、流民＝森昭二ほか、郎党＝中島正道・宮本裕二・脇神正夫・西舘巧

・スタッフ
装置＝勝浦達也、小道具＝吉田美砂・近藤恵理、衣装＝佐藤智子・池の内にじ子、照明＝松永宏・小柳妙子、音効＝星空由香子、作曲＝山本昇一、宣伝美術＝石山正己、舞台監督＝松井哲朗

(37) 1976(昭和51)年11月〜77(昭和52)年1月 「高橋お伝・伝」
北けんじ作 星野由美子演出 河原館（8）
・キャスト
お伝＝四季咲美砂、噂のお伝＝池の内にじ子、一寸釘＝武蔵野恵理、二寸釘＝中津川慎、三寸釘＝紅小路旭、市＝北門真吾、サブ＝星空由香子、噂の市＝小森思朗、包帯男＝勝又三郎、首切り浅＝華乱々
・スタッフ
照明＝小柳妙子・豊島勉、効果＝塔崎健二、装置＝勝浦達也・佐藤健次・志田陽一、道具＝近藤恵理・吉田美砂、衣装＝池の内にじ子、宣伝美術＝星空由香子、舞台監督＝松井哲朗、舞監助手＝真山誠・中辻明

(38) 1977(昭和52)年6〜7月 「氷河のようにかえりゃんせ」
塔崎健二作 星野由美子演出 河原館（6）
・キャスト
ゆき＝星野由美子、霧人＝華乱々、微笑男＝小森思朗、門松男＝北門真吾、測量隊三人組＝玄

米慎二（畜生）・紅小路旭（餓鬼）・勝又三郎（修羅）、花いちもんめの・炎＝吉田美砂、男・永遠の測量師＝塔崎健二

・スタッフ

舞台監督＝武蔵野恵理、装置＝勝又三郎、照明＝小柳妙子・豊島勉、効果＝星空由香子、小道具＝吉田美砂、衣装＝池の内にじ子

(39)　1978(昭和53)年3月〜81(昭和56)年9月　「楽屋」

清水邦夫作　塔崎健二演出（清水邦夫演出助言）河原館（14)、札幌ヤマハホール（3・78年)、上富良野、滝川（2)、札幌大谷会館ホール（3・80年）

・キャスト

女優A＝池の内にじ子、女優B＝星空由香子、女優C＝星野由美子、女優D＝久保厚子・加藤里香・江口洋子

・スタッフ

装置＝勝又三郎、照明＝北門真吾・華乱々、衣装＝塔崎健二、小道具・音響＝吉田明彦

(40)　1979(昭和54)年5月〜81(昭和56)年3月　「火のようにさみしい姉がいて」

清水邦夫作　星野由美子演出　河原館（16)、旭川市民会館小ホール（3)、札幌大谷会館ホール（3・80年　札幌演鑑例会）

1979年5〜6月

・キャスト
男＝塔崎健二、男の妻＝星野由美子、中ノ郷の女＝池之内虹子、みをたらし＝小森思朗、さんざいみさ＝武蔵野恵理・久保厚子、べにや＝星空由香子、しんでん＝及川良子、ゆ＝華乱々、スキー帽＝紅小路旭、青年＝北門真吾、見習＝加藤リカ
・スタッフ
装置＝勝浦達也、照明＝勝又三郎、音響＝石田誠三
1981年5〜6月
・キャスト
男＝塔崎健二、男の妻＝星野由美子、中ノ郷の女＝池の内虹子、みをたらし＝小森思朗、さんざいみさ＝武蔵野恵理、べにや＝星空ゆかこ、しんでん＝福士誓子、ゆ＝吉田明彦、スキー帽＝華乱々、青年＝北門真吾、見習＝加藤リカ
・スタッフ
装置＝勝浦達也、照明＝勝又三郎、音響＝石田誠三

(41)　1980(昭和55)年7月　「戯曲冒険小説」
清水邦夫作　星野由美子演出　河原館（4）
・キャスト
男＝華乱々、外套＝塔崎健二、べーさん＝小森思朗、妻＝星空ゆかこ・久保厚子、べーさんの妻＝武蔵野恵理、娘＝加藤理香、山高帽たち＝北門真吾・石田誠三・沼泰司ほか

・スタッフ
装置・照明＝勝又三郎、音響＝吉田明彦、衣装＝池之内虹子

(42) 1980(昭和55)年12月 「小熊秀雄の出奔」
北けんじ作 木田幸紀（NHK旭川放送局）演出
NHKラジオ第1「北海道ラジオ小劇場」で全道放送
・キャスト
小熊＝塔崎健二、かず子＝池之内虹子、闘鶏屋のおやじ＝北門真吾、木村＝華乱々、古本屋亭主＝北けんじ、そば屋の女将＝星空ゆかこ、ベテラン記者中村＝小森思朗
・スタッフ
（NHK旭川放送局）技術＝矢口達夫

(43) 1981(昭和56)年1月〜82(昭和57)年4月 「赤ずきんちゃんの冒険」
塔崎健二作 星野由美子演出 旭川市公会堂他（3）
・キャスト
赤ずきんちゃん＝加藤里香、オオカミ＝塔崎健二、おばあちゃん＝池の内にじ子

(44) 1981(昭和56)年12月〜82(昭和57)年1月 「五寸釘寅吉遊行伝の内 非人寅吉伝説股旅仁義」
北けんじ作 華乱々潤色・演出 河原館（6）

・キャスト
薬屋＝塔崎健二、昭和＝小森思朗、猫多＝北門真吾、お竜＝池の内虹子、菊＝江口洋子、お松＝勝又三郎、片岡の＝華乱々、お内儀＝げんき加奈、十手＝石山正樹
・スタッフ
音効＝石田誠三、衣装＝池の内虹子、小道具＝江口洋子、装置＝勝浦達也、照明＝豊島勉、撮影＝伊藤寿朗・村椿和博

(45) 1982(昭和57)年9〜11月 「まぼろしよ、まぼろしたちよ―青い鳥幻想」
塔崎健二作　星野由美子演出　札幌駅裏8号倉庫（3・札幌演鑑主催第1回札幌演劇祭にゲスト参加）、河原館（4）
・キャスト
おとうと＝華乱々、あに＝塔崎健二、父＝小森思朗、母＝星野由美子、レイコ＝池の内虹子
・スタッフ
音響＝石田誠三、小道具＝げんき加奈、装置＝勝又三郎、照明＝豊島勉

(46) 1983(昭和58)年5月 「明日そこに花を挿そうよ」
清水邦夫作　星野由美子演出　河原館（10）
・キャスト
灸＝勝又三郎、右太＝矢口誠三、チー子＝金子弘美、修造＝塔崎健二、お米＝天城レラ、よし

江＝松山宗乃子・佐藤みゆき、辰之＝華乱々・小森思朗
・スタッフ
照明＝げんき加奈、音響＝坂上由紀子、装置＝勝又三郎、衣装＝松山宗乃子、小道具＝佐藤みゆき、制作＝池之内虹子

(47)　1983(昭和58)年7月　「短詩型―劇へ　西勝洋一歌集『未完の葡萄』」
池ノ内虹子演出　河原館（2）
・キャスト（一部）
男＝華乱々、女＝江口洋子、青年＝石田誠三、少女たち＝吉岡純子・やなぎとっとほか

(48)　1983(昭和58)年9月　「赤ずきんちゃんの冒険」
塔崎健二作　星野由美子演出　札幌星置養護学校
・キャスト
赤ずきんちゃん＝加藤里香、オオカミ＝塔崎健二、おばあちゃん＝池の内にじ子

(49)　1983(昭和58)年10月〜84(昭和59)年2月　「吹雪物語」
塔崎健二作　星野由美子演出　神居小学校（旭川）、旭川市民文化会館小ホール
・84年2月は、アイヌ文化イベントの第2部として上演

(50) 1984(昭和59)年2月「6日しばれて6日ふぶく」

塔崎健二作

NHKラジオ第1「北海道ラジオ小劇場」で全道放送・25日22時15分〜22時58分

・キャスト

少年＝石田誠三、ふぶき＝吉岡純子、コロポックル1＝松山宗乃子、コロポックル2＝黒柳妙子、コロポックル3＝坂上由紀子、首領＝塔崎健二、子分1＝松井哲朗、子分2＝佐藤健次、老婆＝天城レラ、声＝池乃内虹子、語り・ユーカライフンケ・ムックリ演奏＝石山キツヱ

・スタッフ

(NHK旭川放送局) 制作＝浅井嘉一、デスク＝福原恒男、技術＝雨海祥夫・田上仁

(劇団河) 佐藤みゆき・牧田雅身・中公和誇

(51) 1984(昭和59)年10〜11月「二都物語」

唐十郎作　池之内虹子・塔崎健二演出　旭川市公会堂、札幌道新ホール（札幌演鑑例会）

・キャスト

私設職安の課長＝塔崎健二、部下1（田口）＝湊義之、部下2（佐々木）＝華乱々、部下3（津）＝山沢憲司、リーラン＝星野由美子、(元) 犬殺し＝矢口誠三、夜の役人＝渡辺貞之、私設刑事＝小森思朗、内田一徹＝中公和誇、一徹の妹・光子＝諏訪麻矢、夜の刑事＝岡和田正毅、コック＝桑原忠久（迷人座）、少女たち＝天城レラ・やなぎとっと・松山宗乃子ほか、陽向ボッコの群れ＝池之内虹子ほか

・スタッフ
舞台装置＝佐藤健次、小道具＝黒柳妙子・吉岡純子、衣装＝江口洋子・中公和誇・池之内虹子、照明＝松永宏、音効＝石田美奈、宣伝美術＝Design Studio ON、舞台監督＝沼正子

(52) 1985(昭和60)年5月 「木蓮沼」

石澤富子作　塔崎健二演出　河原館（6）

(53) 1986(昭和61)年10月 「一九八二／嫉妬」

清水邦夫作　星野由美子演出　旭川市民文化会館小ホール、帯広市民会館

・キャスト
姉娘＝星野由美子、兄＝塔崎健二、妹娘＝池ノ内虹子、男＝小森思朗、ナナ子＝高谷梨枝子(テアトロニポポ)・坪井志展（帯広演研）、医者＝保呂羽襄、看護人＝梅沢宏、俳優たち＝グループ「ゼロ」（賛助出演）

・スタッフ
照明＝松永宏、音響＝保呂羽襄、美術＝渡辺貞之（テアトロニポポ）

【参考文献一覧】

＜本文＞

劇団「河」公演「夜の来訪者」パンフレット
北海道演劇史編集委員会編「北海道双書1 北海道演劇史稿」北海道教育委員会
谷口広志「旭川戦後文化運動ノート 旭川叢書第10巻」旭川市
北けんじ「旭川演劇百年史」旭川市民文芸 旭川文芸百年史収録 旭川文化団体協議会
三好十郎「ハヤカワ演劇文庫 三好十郎Ⅱ 浮標」早川書房
鈴木喜三夫「北海道演劇 1945―2000」北海道新聞社
渡辺三子、田中スエコ編「安部公房を語る 郷土誌『あさひかわ』の誌面から」あさひかわ社
安部公房「安部公房全集」新潮社
郷土誌「あさひかわ」1977年8月号 あさひかわ社
郷土誌「あさひかわ」1993年7月号 追悼特集安部公房 あさひかわ社
劇団「河」公演「友達」パンフレット
「高橋北修展図録」北海道立旭川美術館編
新名英仁「旭川の美術家たち：珠玉の宝庫 旭川叢書第35巻」旭川振興公社
金倉義慧「北の詩人・小熊秀雄と今野大力」高文研
蜷川幸雄「演劇の力 私の履歴書」日本経済新聞出版社
扇田昭彦「日本の現代演劇」岩波新書
西堂行人「[証言]日本のアングラ 演劇革命の旗手たち」作品社
「シナリオ」1972年9月号 シナリオ作家協会

「清水邦夫の世界」白水社
劇団「河」公演「鴉よ!おれたちは弾丸をこめる」パンフレット
「芸術新潮」１９８０年10月号　新潮社
清水邦夫「想い出の日本一萬年」中央公論社
清水邦夫「あの日たち」テアトロ
清水邦夫「ぼくらが非情の大河をくだる時」新潮社
蜷川幸雄「千のナイフ、千の目」紀伊國屋書店
扇田昭彦「蜷川幸雄の劇世界」朝日新聞出版
扇田昭彦編「劇談　現代演劇の潮流」小学館
「清水邦夫全仕事　１９５８―１９８０（上・下）」河出書房新社
「清水邦夫全仕事　１９８１―１９９１（上・下）」河出書房新社
「清水邦夫全仕事　１９９２―２０００」河出書房新社
清水邦夫「われら花の旅団よ、その初戦を失へり」レクラム社
清水邦夫「ほほえみよ、流し目の偽彩よ」レクラム社
扇田昭彦編「劇的ルネッサンス　現代演劇は語る」リブロポート
清水邦夫「ステージ・ドアの外はなつかしい迷路」早川書房
唐十郎「腰巻お仙　特権的肉体論」現代思潮社
塔崎健二「鎮魂譜・ランラン―フチの沈黙―」（原題「北方雨譜《ほっぽううふ》―フチの沈黙―」
劇団「河」ニュース　第５号「腰巻お仙」
扇田昭彦「唐十郎の劇世界」右文書院
唐十郎「劇的痙攣」岩波書店
唐十郎「風に毒舌　唐十郎第一エッセイ集」毎日新聞社

唐十郎「唐十郎全作品集」冬樹社
唐十郎「少女仮面　唐十郎作品集」学芸書林
唐十郎「二都物語・鐵仮面」新潮社
「ステージガイド札幌」１９７６年5月号　ステージガイド札幌
「新劇」１９７４年12月号　白水社
「月刊『河原版』」１９７５年12月1日号
「旭川北高同窓会ニュース　North Wind 第20号」
津野海太郎「おかしな時代—「ワンダーランド」と黒テントの日々」本の雑誌社
佐藤信「喜劇昭和の世界＜１＞　阿部定の犬」晶文社
佐藤信「喜劇昭和の世界＜２＞　キネマと怪人」晶文社
佐藤信「喜劇昭和の世界＜３＞　ブランキ殺し上海の春」晶文社
「草野心平詩集」岩波文庫
「定本佐藤春夫全詩集」臨川書店
ゆりはじめ「小田原事件　谷崎潤一郎と佐藤春夫」小田原ライブラリー　夢工房
「小熊秀雄全集」創樹社
「小熊秀雄—絵と詩と画論」創風社
「小熊秀雄童話集」清流出版
塔崎健二「灰色に立ちあがる詩人　小熊秀雄研究　旭川叢書第24巻」旭川振興公社
「吉本隆明全詩集」思潮社
吉本隆明「初期ノート」光文社文庫
清水邦夫「幻に心もそぞろ狂おしのわれら将門」新潮社
別役実「別役実の犯罪症候群」三省堂

立松和平「光の雨」新潮社
立松和平、横尾和博「文学の修羅として」のべる出版企画
「河原版号外」1976年
「読書北海道」北海道読書新聞社　1978年
清水邦夫「夜よ　おれを叫びと逆毛で充す　青春の夜よ」講談社
清水邦夫「わが魂は輝く水なり―源平北越流誌」講談社
札幌市教育委員会編「さっぽろ文庫25　札幌の演劇」北海道新聞社
津野海太郎「夢は土蔵の…旭川「河原館」について」新劇1976年7月号　白水社

＜注釈＞

J・B・プリーストリー「夜の来訪者」岩波文庫
北けんじ「詩人§下村保太郎素描＋旭川茶房の歴史異聞―聖地巡礼―」あさひかわ学研究会
石澤秀二「世界演劇辞典」東京堂出版
扇田昭彦編「劇談　現代演劇の潮流」小学館
伊藤整　等編「日本現代文学全集79　村山知義・三好十郎・真船豊・久保栄集」講談社
「ブレヒト戯曲全集」未來社
早稲田大学坪内博士記念演劇博物館編「演劇百科大事典」平凡社
リリアン・ヘルマン「未完の女　リリアン・ヘルマン自伝」平凡社
宮沢章夫、NHK「ニッポン戦後サブカルチャー史」制作班編著「NHKニッポン戦後サブカルチャー史」NHK出版
コーチ・ジャンルーカ「安部公房スタジオと欧米の実験演劇」彩流社
「作家・小説家人名事典」日外アソシエーツ
「日本の美術館と企画展ガイド'97―'98・3」淡交社

「日本映画人名事典　監督篇」キネマ旬報社
「新語・流行語大全　ことばの戦後史　１９４５―２００６」自由国民社
「戦後事件史データファイル　社会を震撼させた数々の重大事件を通して、戦後60年の日本の歩みを徹底検証！　別冊歴史読本」新人物往来社
「20世紀全記録　Chronik 1900-1990」講談社
「事件・犯罪を知る本『高橋お伝』から『秋葉原通り魔』まで」日外アソシエーツ
木野工「旭川今昔ばなし（続）：総北海ブックス６」総北海
宮川達二「海を越える翼：詩人小熊秀雄論」コールサック社
佐藤喜一「評伝　小熊秀雄」ありえす書房
「新旭川市史」
「ＮＨＫ知る楽　こだわり人物伝　２００９年４―５月号」
渡辺義雄編「まちは生きている　旭川市街の今昔（上下巻）（旭川文庫３・４）」総北海
塩澤実信「昭和歌謡１００名曲Ｐａｒｔ３」ブレーン
「芸能人物事典　明治大正昭和」日外アソシエーツ
「日本芸能人名事典」三省堂
「アサヒビルの歴史を振り返る　五十四年間の歩み」株式会社アサヒビル
山形国際ドキュメンタリー映画祭東京事務局編「ドキュメンタリー映画は語る　作家インタビューの軌跡」未来社
椎野礼仁編「連合赤軍事件を読む年表」彩流社
旭川市中央図書館編「あさひかわと彫刻　旭川叢書第25巻」旭川振興公社
「昭和・平成日本テロ事件史　別冊宝島」宝島社
遠藤啄郎編「ＹＢＴ　横浜ボートシアターの世界」リブロポート
「仮面の聲《こえ》：遠藤啄郎［横浜ボートシアター］仮面劇集」新宿書房

「ぴあシネマクラブ外国映画＋日本映画２００８年最新統合版」ぴあ
「テレビ・タレント人名事典」日外アソシエーツ
秋元松代「かさぶた式部考・常陸坊海尊」河出書房新社
三好行雄ほか編著「日本現代文学大事典　作品篇」明治書院
鈴木祐・保科好宏「ロック人名事典」音楽之友社
吉増剛造「我が詩的自伝　素手で焔をつかみとれ！」講談社
浅川マキほか著「ロング・グッドバイ　浅川マキの世界」白夜書房
佐藤忠男「増補版　日本映画史３　１９６０―２００５」岩波書店
「現代漫画博物館１９４５―２００５」小学館
新井純「風の舞台」筑摩書房
「詩歌人名事典」日外アソシエーツ
「集英社世界文学事典」集英社
吉増剛造「わが悪魔祓い」青土社
「日本詩人全集17　佐藤春夫」新潮社
「現代日本文學大系93　現代詩集」筑摩書房
「詩集１９４６〜１９７６田村隆一」河出書房新社
「鮎川信夫全集　第一巻　全詩集」思潮社
「死にいたる飢餓　黒田喜夫評論集」国文社
「金子光晴全集」中央公論社
「吉本隆明全詩集」思潮社
小西良太郎「昭和の歌１００　君たちが居て僕が居た」幻戯書房
加納邦光「ヴォルフガング・ボルヒェルト　その生涯と作品」鳥影社・ロゴス企画

栗原幸夫「プロレタリア文学とその時代　増補新版」インパクト出版会
石山宗晏、西勝洋一「道北を巡った歌人たち　旭川叢書第34巻」旭川振興公社
「NHK大河ドラマ大全　50作品徹底ガイド」NHK出版
「サルトル全集」京都人文書院
「木下順二作品集」未来社
「日本人物レファレンス事典　芸能篇1　映画・演劇・タレント」日外アソシエーツ
「琵琶伝　石澤富子戯曲集」而立書房
「英米文学辞典」研究社
「日本現代文学大事典」明治書院
「日本の食生活全集48　聞き書アイヌの食事」農山漁村文化協会
「アイヌ文化の基礎知識」草風館
スティーヴン・ホーキング「ホーキング、自らを語る」あすなろ書房
医療情報科学研究所「病気が見えるvol.7　脳・神経　第1版」メディックメディア

那須 敦志（なす あつし）

1957（昭和32）年12月23日生まれ。中心部の10条通９丁目で生まれ育った生粋の旭川っ子。実家の裏を流れる牛朱別川の堤防から眺めた大雪の山並みと、夕日に輝く旭橋が原風景である。中央小学校、常盤中学校を経て、旭川北高校に進む。高校３年生の時に観た劇団「河」の舞台に刺激を受け、上京を決意。明治大学文学部演劇学科に入学、学生劇団「活劇工房」で舞台創りに携わる。昭和57年、NHKに入局し、札幌放送局放送部で働き始める。その後、記者、ニュースディレクターとして、道内各放送局や東京のニュースセンターで勤務した。2010（平成22）年に旭川放送局長となる。４年間の勤務中、郷土史を学び、地域の古い映像を紹介する「なつかしの旭川映像セミナー」、「なつかしの常磐公園展」、「なつかしの平和通展」などを自ら企画、開催する。その成果は、旭川の郷土史のエピソードを集めた「知らなかった、こんな旭川」（2013年・中西出版）にまとめられた。2014（平成26）年７月から、NHKの関連団体であるNHKサービスセンター札幌支局長を務める。

〝あの日たち〟へ　〜旭川・劇団『河』と『河原館』の20年〜

2016年12月21日　初版第１刷発行

著　者　那須敦志
カバーデザイン　青柳早苗
発行者　林下英二
発行所　中西出版株式会社
〒007-0823 札幌市東区東雁来3条1丁目1-34
TEL 011-785-0737
落丁・乱丁本はお取り替えいたします。

印　刷　中西印刷株式会社
製　本　石田製本株式会社